DE LA LÉGITIMATION

DES

ENFANTS INCESTUEUX OU ADULTÉRINS

DEPUIS

LA LOI DU 7 NOVEMBRE 1907

PAR

ALBERT RAYMOND

DOCTEUR EN DROIT
AVOCAT A LA COUR D'APPEL DE BORDEAUX

LIBRAIRIE
DE LA SOCIÉTÉ DU RECUEIL J.-B. SIREY ET DU JOURNAL DU PALAIS
Ancienne Maison L. LAROSE & FORCEL
22, Rue Soufflot, PARIS, 5e Arrt.
L. LAROSE & L. TENIN, Directeurs

1908

DE LA LÉGITIMATION

DES

ENFANTS INCESTUEUX OU ADULTÉRINS

DEPUIS

LA LOI DU 7 NOVEMBRE 1907

PAR

Albert RAYMOND

DOCTEUR EN DROIT

AVOCAT A LA COUR D'APPEL DE BORDEAUX

LIBRAIRIE

DE LA SOCIÉTÉ DU RECUEIL J.-B. SIREY ET DU JOURNAL DU PALAIS

Ancienne Maison L. LAROSE & FORCEL

22, *Rue Soufflot*, PARIS, 5ᵉ *Arrᵗ*.

L. LAROSE & L. TENIN, Directeurs

1908

BIBLIOGRAPHIE

—

ACCARIAS. — Précis de droit romain, 4e édit., 2 vol., 1886-1891.

ACCOLAS. — Le droit de l'enfant. L'enfant né hors mariage. Paris, 1870.

D'AGUESSEAU. — Dissertation sur les bâtards, VII, OEuvres, éd. Pardessus. Paris, 1819.

AMIABLE. — Condition des enfants illégitimes dans l'ancien droit. *Revue historique,* 1864, t. X.

ANDRÉ. — OEuvres du droit révolutionnaire en matière de filiation naturelle. Thèse Nancy, 1906.

Archives parlementaires.

AUBRY et RAU. — Cours de droit civil français, V et VI, 4e éd. Paris, Marchal et Billard, 1869-1879 (les quatre premiers volumes de la 5e édition ont seuls paru à ce jour).

AUGEARD. — Arrests notables. Paris, 1756.

BACQUET. — OEuvres augmentées par de Ferrières. Droit de bastardise, 1744.

BAUDRY-LACANTINERIE. — Précis de droit civil, I, 10e éd. Paris, Larose et Tenin, 1908.

BAUDRY-LACANTINERIE et HOUQUES-FOURCADE. — Traité théorique et pratique de droit civil. Des personnes, III, 3e éd. Paris, Larose et Tenin, 1908.

BAUDRY-LACANTINERIE, CHAUVEAU et CHÉNEAUX. — Des personnes, IV, 3e éd., 1907.

BAUDRY-LACANTINERIE, CHÉNEAUX et BONNECARRÈRE. — Des personnes, V, 3e éd., 1908.

BEAUMANOIR. — Coutumes du Beauvoisis, éd. Beugnot, 1842.

BEAUNE. — Droit coutumier français (condition des personnes). La propriété et la famille, 1789-1804. Paris, 1882.

BEDEL. — Nouveau traité de l'adultère et des enfants adultérins. Paris, 1826.

BEUDANT. — Cours de droit civil français, II. Paris, 1896-1898.

BIBLIOTHÈQUE des arrêts de tous les parlements de France, par Laurent Jovet, 1 vol., 1669.

BLANCHARD. — De la condition des enfants naturels simples, incestueux et adulté-
    rins. Paris, 1885.

CLERCQ (DE). — Code civil autrichien trad. Paris, 1836.

CODE civil allemand, texte allemand avec traduction française, publié par Jules
    Gruber. Strasbourg, 1898.

CODE civil suisse du 10 décembre 1907.

CODE matrimonial ou recueil des lois canoniques et civiles de la France sur le
    mariage. 2 vol., 1770.

DALLOZ. — Répertoire méthodique et alphabétique de législation, de doctrine et
    de jurisprudence. Supplément au Répertoire, v^{is} Légitimation, Paternité
    et Filiation.

   — Recueil périodique.

DELVINCOURT. — Cours de Code civil, I. Paris, 1819-24.

DEMANTE et COLMET DE SANTERRE. — Cours analytique de Code civil, II. Paris,
    1881-89.

DEMÈTRE (Alexandresco). — Droit ancien et moderne de la Roumanie, 1897.

DEMOLOMBE. — Cours de Code Napoléon, V et XIV. Paris, 1869-82.

DENISART. — Collection de décisions nouvelles, 7e éd., 1771, 4 vol.

DICTIONNAIRE de médecine et de chirurgie du docteur Jaccoud, XXIV, v° Super-
    fétation.

DUCAURROY, BONNIER et ROUSTAIN. — Commentaire du Code civil, 1851, 2 vol.

DURANTON. — Cours de droit français, II et III. Paris, 1825-37.

ESMEIN. — Le mariage en droit canonique, II. Paris, 1891.

FENET. — Recueil complet des travaux préparatoires du Code civil. Paris, 1836,
    15 vol.

FOURNEL. — Traité de l'adultère. Paris, 2e éd., 1783.

   — Traité de la séduction. Paris, 1781.

FUZIER-HERMAN. — Répertoire général et alphabétique du droit français, v^{is} Ali-
    ments, Enfants naturels, Légitimation.

GARRAUD. — Traité théorique et pratique de droit criminel, IV, 2e éd.

GIRARD. — Manuel élémentaire de droit romain, 2e éd.

GRASSERIE (DE LA). — Code suédois de 1734, trad. 1895.

GLASSON. — Histoire du droit français et des institutions de la France, 1887-1903,
    8 vol.

GUYOT. — Répertoire universel et raisonné de jurisprudence. Paris, 1786,
    v^{is} Bâtard, Filiation, Légitimation.

HENRYS, commenté par Bretonnier, 6e éd. Paris, 1772, 4 vol.

HUC. — Commentaire du Code civil, II, III, V, VI. Paris, 1892-1902.

HUC et HORSIER. — Le Code civil italien et le Code Napoléon, 1868, 2 vol.

ISAMBERT. — Recueil général des anciennes lois françaises, 1829, 29 vol.

Journal des audiences du Parlement, 5 vol., 1692-1707.

Journal officiel de la République française.

KŒNIGSVARTER. — Essai sur la législation des peuples anciens et modernes rela-
    tivement aux enfants nés hors mariage. Revue étrangère et française,
    IX, p. 469.

LANEYRIE et DUBOIS. — Code civil portugais, trad. 1896.

LAURIÈRE (DE). — Glossaire, v° *Bâtard*, 1704.

LAURENT. — Principes de droit civil français, II, III, IV, IX, 2⁰ éd., Bruxelles. Paris, 1873-1878.

LEHR. — Eléments de droit civil espagnol, II, 1890.

— Eléments de droit civil russe, I, 1877.

— Eléments de droit civil scandinave, 1901.

LEVÉ. — Code civil espagnol, 1890.

LOCRÉ. — Législation civile, commerciale et criminelle de la France. Paris, 1827. Esprit du Code Napoléon, 1805-1808.

LOISEAU. — Traité des enfants naturels. Paris, 1819.

Lois ecclésiastiques de France, de Héricourt, 1771.

LOYSEL. — Institutes coutumières, 1758-1765.

LOUET. — Recueil de notables arrêts, avec arrêts de Brodeau, 1693, 2 vol.

MARCADÉ. — Explication théorique et pratique du Code Napoléon, 5⁰ éd. Paris, 1859.

MERLIN. — Répertoire universel et raisonné de jurisprudence, 18 vol., 1827-1828, v° *Bâtard, Filiation, Maternité, Paternité*.

MONITEUR UNIVERSEL. — Réimpression.

MORACHE. — Le mariage. Paris, 1902.

PANDECTES FRANÇAISES. — V° *Aliments, Enfants naturels*.

PAPON. — Recueil d'arrests notables, 5⁰ éd. Lyon, 1568.

PÉNARD (L.) et ABELIN (G.). — Guide de l'accouchement et de la sage-femme. Paris, Baillière, 1896.

PLANIOL. — Traité élémentaire de droit civil, I. Paris, 5⁰ éd., 1908.

POTHIER. — OEuvres complètes, éd. 1821.

PROJET du Code civil et conférences des observations des tribunaux d'appel, an VIII, X, 3 vol.

RECLUS, PINARD et BRISSAUD. — Pratique médico-chirurgicale, IV, v° *Superfétation*. Paris.

RIBEMONT-DESSAIGNES et G. LEPAGE. — Précis d'obstétrique. Paris, Masson, 1904.

RICHEFORT. — Traité de l'état des familles légitimes et naturelles et des successions irrégulières, 1842.

RIVIER. — Précis du droit de famille romain. Paris, 1891.

ROLLAND DE VILLARGUES. — Traité des enfants naturels. Paris, 1811.

SAGNAC. — Législation civile de la Révolution française. La propriété et la famille (1789-1804). Paris, 1899.

SIREY. — Lois annotées.

— Recueil général des lois et arrêts, avec notes et commentaires, présentant sur chaque question le résumé de la jurisprudence et la doctrine des auteurs, rédigé sur l'ancien Recueil général des lois et arrêts fondé par Sirey, revu et complété par Devilleneuve et Carette, 1ʳᵉ série, 1791-1830.

TAUDIÈRE. — Les enfants nés hors mariage, d'après les lois des 2 juillet-7 novembre 1907. Paris, Bulletin-Commentaire des lois nouvelles, 1908.

TAULIER. — Théorie raisonnée du Code civil, I. Paris, 1840-1848.

TOULLIER. — Le droit civil français, I et II. Paris, 1811-1843.

Tripels. — Les Codes néerlandais, 1886.

Valette sur Proudhon. — Traité de l'état des personnes, II. Paris, 1848.

Valette. — Explication sommaire du livre 1er du Code Napoléon. Paris, 1859.

Vazeille. — Traité du mariage, II. Paris, 1825.

Vernhes. — Des enfants adultérins et incestueux. Thèse, Toulouse, 1902.

Viollet. — Histoire du droit privé. Paris, 1884-1886.

Vigié. — Cours élémentaire de droit civil français. Paris, 1893.

Zachariæ sur Massé et Vergé. — Cours de droit civil. Paris, 1854-1860.

PRÉFACE

L'étude que nous présentons est un commentaire de la loi du 7 novembre 1907 qui a modifié l'article 331 du Code civil en ce qui concerne la légitimation des enfants incestueux ou adultérins.

Promulguée depuis un an, cette loi n'a pas encore éveillé l'attention des commentateurs : peut-être a-t-on renoncé à mettre en lumière une loi qui, à peine votée, a été combattue comme arbitraire et injuste par ceux-là mêmes qui la firent ; peut-être aussi a-t-on cru prudent de ne pas tenter l'analyse d'une loi dont les obscurités sont telles qu'il est impossible de tirer de son texte des conséquences logiques et des règles précises.

Tout en adoptant l'opinion de ceux qui jugent cette loi mauvaise, nous avons pensé, cependant, que son examen offrait un double intérêt : juridique et social.

Au point de vue juridique, la loi du 7 novembre 1907 ne doit point passer inaperçue : elle touche, en effet, à l'une des matières les plus délicates du Code civil, l'état des personnes, dont le Parlement ne doit modifier les règles qu'avec beaucoup de circonspection et de sagesse.

Le législateur a inséré dans le Code civil la possibilité de légitimation jusque-là prohibée des enfants incestueux ou adultérins : c'était son droit, c'était même, à notre avis, son devoir. Mais dans quelles conditions a-t-il réalisé cette réforme ?

Dès les premiers débats, l'esprit de suite l'abandonne. Il ne se passe pas d'année, en effet, où des membres des deux Chambres ne protestent contre l'indépendance des juges qui — affirment-ils — tournent la lettre de la loi ou altèrent son sens. Ces récriminations ont amené une sanction inattendue : le législateur, élaborant la loi du 7 novembre, s'est refusé à déterminer les conditions imposées aux enfants incestueux pour leur légitimation parce que la jurisprudence — refaisant d'ailleurs la loi — a nettement réglé le sort de ces enfants.

Pour les enfants adultérins seuls, l'initiative parlementaire s'est donné libre cours : on constatera avec nous l'incohérence de son œuvre.

Classification arbitraire des enfants adultérins, interprétation erronée des textes, abrogation tacite d'articles dont la lettre subsiste, renversement des principes admis jusqu'à ce jour en matière de filiation : telles sont les principales défectuosités que notre étude fera ressortir.

Au point de vue social, la loi du 7 novembre 1907 est la première atteinte portée à la stabilité de la famille.

Certes, nous sommes le premier à reconnaître que la condition misérable des enfants incestueux ou adultérins appelait des réformes sérieuses. Il ne faut pas se dissimuler, en effet, que le sort des enfants illégitimes ne peut pas laisser le législateur indifférent.

Chaque année, alors que le nombre des naissances légitimes n'augmente pas ou diminue, celui des naissances illégitimes va constamment en augmentant.

En 1846, on comptait 896.000 naissances en mariage et 68.000 hors mariage ; en 1886, 838.000 naissances légitimes et 74.000 illégitimes ; en 1896, 50 ans après cette année 1846, on ne trouve que 790.000 naissances légitimes et 76.000 illégitimes. Si l'on envisage plus spécialement les grandes villes, on constate qu'à Paris, en 1887, on inscrit 42.000 enfants légitimes et 15.000 illégitimes; en 1897, 40.000 légitimes et 15.000 illégitimes; dans les villes de plus de 100.000 habitants, en 1887, on compte 42.000 enfants légitimes et 9.000 enfants naturels, et en 1897, 45.000 légitimes et 10.000 naturels.

Ainsi à Paris, le nombre des naissances hors mariage est plus du tiers de celui des naissances en mariage. Les premières vont sans cesse en augmentant, tandis que les secondes restent stationnaires si elles ne diminuent pas (¹).

D'une part, il fallait songer à améliorer le sort des enfants illégitimes, de l'autre encourager l'heureuse élévation morale de certains pères naturels qui ne cherchent plus à se soustraire aux devoirs de la paternité et reconnaissent leurs enfants au moment de la naissance (²).

Le législateur a pensé que la meilleure méthode pour assurer le relèvement des plus malheureux parmi les enfants illé-

---

(¹) Morache, *Le mariage*. Paris, 1902, p. 276.

De 1897 à 1906, le recensement de la population française a donné les résultats suivants, qui, pour être sensiblement différents, n'accusent pas moins une légère augmentation des naissances illégitimes :

ENFANTS DÉCLARÉS VIVANTS

1897.	Sur	859.107	enfants	75.989,	soit 8,84 p. 100.	
1898.	»	843.933	»	74.586,	» 8,83	»
1899.	»	847.627	»	74.970,	» 8,84	»
1900.	»	827.297	»	73.121,	» 8,83	»
1901.	»	857.274	»	74.693,	» 8,71	»
1902.	»	845.378	»	74.071,	» 8,77	»
1903.	»	826.712	»	72.665,	» 8,78	»
1904.	»	818.229	»	71.735,	» 8,76	»
1905.	»	807.291	»	71.500,	» 8,85	»
1906.	»	806.847	»	70.866,	» 8,78	»

(*Journal de la Société de statistique de Paris*, 1907, p. 359.)

(²) Pendant l'année 1907, 42.354 enfants illégitimes ont été reconnus, soit par le père soit par la mère. Dans les années précédentes la statistique ne faisait connaître que les enfants illégitimes reconnus par le père sur l'acte de naissance : 11.546 en 1905, 11.782 en 1906. *Journ. de la Soc. de stat. de Paris*, 1908, p. 287.

gitimes était de faire du mariage un puissant facteur d'égalité entre les enfants" : il a donc voté la légitimation des enfants incestueux ou adultérins par le mariage subséquent de leurs père et mère.

En réalité, cependant, la loi du 7 novembre 1907, en ce qui touche les enfants adultérins, porte un coup funeste à l'union légitime : l'époux infidèle, ayant une liaison à côté de son foyer, est encouragé par elle, surtout s'il a des enfants adultérins, à continuer ses relations coupables. Un prétexte futile servira tout au moins de base à l'introduction d'une instance en séparation de corps. La séparation obtenue, un jugement de conversion entraînera la dissolution du mariage et les amants pourront, en s'épousant, légitimer leurs bâtards. L'époux coupable n'aurait-il pas de griefs à alléguer contre son conjoint que l'adultère commis par lui servira ses desseins.

Le législateur devait donc, au point de vue social, se soucier tout spécialement de la sécurité de la famille et des intérêts des enfants légitimes, c'est un second point intéressant à élucider.

Telles sont les considérations qui ont attiré notre attention sur la loi du 7 novembre 1907. Toutefois, la critique de ses dispositions ne pouvait prendre caractère qu'en la faisant précéder d'un exposé historique montrant l'évolution accomplie en matière de légitimation depuis les premiers siècles de l'histoire jusqu'en 1907. Nous nous sommes cependant borné à ne faire qu'une rapide ébauche des principes admis par le droit romain et notre ancien droit et nous avons donné quelques développements à la période révolutionnaire dont l'influence se fait à nouveau sentir.

Dans une seconde partie, nous avons mis au point toutes les dispositions générales de notre Code civil applicables à la matière difficile de la filiation incestueuse ou adultérine dont l'exposé était indispensable à la clarté de notre discussion.

La troisième partie sera consacrée à l'examen de la loi du 7 novembre 1907 : notre tâche a été facilitée par les savants éclaircissements que nous avons puisés dans l'étude récente de M. Chéneaux, professeur à la Faculté de droit de Bordeaux (¹); si, sur quelques points, nous avons émis une opinion différente de la sienne, nous nous sommes efforcé de refléter l'esprit méthodique et précis de son enseignement.

Nous examinerons, dans une dernière partie, la législation actuelle des divers peuples européens au regard de la loi du 7 novembre 1907 et nous nous demanderons, dans notre conclusion, si l'esprit de cette loi s'adapte favorablement aux conditions sociales modernes.

(¹) Cours de droit civil approfondi : Faculté de droit de Bordeaux, 1907-1908.

INTRODUCTION

De l'infériorité de condition des enfants incestueux ou adultérins.

Depuis la Déclaration des Droits de l'homme et du citoyen, l'enfant incestueux ou adultérin ne subit, en droit public, aucune déchéance.

L'infériorité de condition dont il souffre se manifeste uniquement dans la famille; encore faut-il remarquer qu'en fondant un foyer, il sera époux et père au même titre qu'un enfant légitime.

Cette introduction, dont l'objet ne se rattache pas directement à l'étude de la légitimation, nous a paru nécessaire; il est utile de connaître les raisons décisives pour lesquelles une catégorie particulière de bâtards doit, par ce procédé, acquérir une situation meilleure.

Le sort misérable de l'enfant incestueux ou adultérin apparaît nettement lorsqu'on examine l'étendue de sa parenté, les obligations qui résultent de la paternité et de la filiation du vivant de ses auteurs, ses droits sur leur succession.

L'enfant incestueux ou adultérin est sans famille; certains civilistes (¹) soutiennent même qu'il n'a, au point de vue légal, ni père, ni mère. Le législateur prohibe, en effet, sa reconnaissance et le voue, en quelque sorte, à l'oubli.

Porte-t-il le nom de son auteur? C'est qu'on a caché la

(¹) Zachariæ, Massé et Vergé, *Le droit civil*, I, p. 336.

tare de sa naissance. L'enfant né de l'inceste ou de l'adultère n'est d'ailleurs jamais sûr de conserver le nom du père ou de la mère vis-à-vis duquel sa filiation est établie. Que le vice de sa conception vienne à être découvert, la nullité de la reconnaissance s'impose et il devra abandonner le nom qu'il a jusqu'alors porté (¹).

Dans des cas exceptionnels, cependant, sa filiation réprouvée s'impose et révèle son père et sa mère ; mais, en dehors d'eux, il est considéré comme sans parents connus. Il n'a ni aïeuls, ni frères, ni sœurs. La loi se souviendra, toutefois, de lui lorsqu'il faudra protéger les mœurs, et le Code civil tiendra compte des liens du sang pour édicter, dans les articles 161 et 162 du Code civil, des empêchements de mariage entre un grand-père et sa petite-fille naturelle, un frère et une sœur nés de l'inceste ou de l'adultère. On ne lui applique pourtant pas l'article 163 du Code civil qui interdit le mariage de l'oncle et de la nièce, de la tante et du neveu.

Le principe que l'enfant incestueux ou adultérin est étranger à la famille de ses père et mère, fléchit encore en ce qui concerne les articles 268 et 283 du Code de procédure civile, 156 et 322 du Code d'instruction criminelle, relatifs aux témoignages. C'est à propos de ce dernier texte, alors que son sens était, il est vrai, enfermé dans l'article 358 du Code des délits et des peines du 3 brumaire an IV, que la Cour de cassation, par arrêt du 5 avril 1809, a jugé que l'enfant adultérin ne pouvait, comme allié du conjoint de sa mère, déposer en justice contre le mari de celle-ci accusé d'assassinat (²).

Ces précautions prises, et ainsi écarté de tous ceux qui

_____

(¹) Paris, 9 mai 1894, D., 95. 2. 272.
(²) S., 1809, p. 43.

pourraient lui reprocher son origine, l'enfant n'a pour lui que ses auteurs.

Quelles sont les obligations qui résultent du fait de la paternité, celles qui incombent à la filiation incestueuse ou adultérine? C'est le second point que nous devons envisager.

Alors que le législateur s'est longuement étendu sur les devoirs d'entretien et d'éducation des enfants légitimes, de rares dispositions fixent les droits restreints qu'il entend consentir aux enfants incestueux ou adultérins. Il n'accorde à ceux-ci que des aliments « car, enfin, les enfants adultérins n'en sont pas moins des hommes, et tout homme a le droit de recevoir au moins des aliments de ceux qui lui ont donné le jour » [1]. Pour compléter les secours que réclame leur état, il exige aussi des parents l'enseignement d'un art mécanique. Le métier importe peu; il n'est pas nécessaire que l'éducation de l'enfant soit en rapport avec la situation de ses auteurs; il suffit que le métier donné à l'enfant soit un gagne pain [2].

Mais doit-on réduire à cette seule obligation alimentaire, d'une modicité regrettable, les rapports juridiques qui unissent ce dernier à ses parents?

L'opinion dominante répond affirmativement. C'est seulement dans la famille légitime qu'une autorité directrice et protectrice est soigneusement organisée. Le souci qui s'est manifesté jusqu'ici dans l'établissement de la puissance paternelle, c'est moins l'intérêt des parents ou des enfants que le maintien de la famille en tant qu'unité sociale. Le Code fait découler le devoir d'éducation du mariage plus que de la procréation, et si le législateur comprend que les

[1] Siméon, *Travaux préparatoires,* V, Locré, X, p. 294.
[2] Demolombe, XIV, 128; Aubry et Rau, 4ᵉ édit., VI, § 572, texte et note 31, p. 225.

enfants nés hors mariage ne peuvent rester sans guide et sans protecteur, il ne s'occupe que de ceux qu'un lien légal rattache à leurs auteurs. Comme pour l'enfant incestueux ou adultérin dont la naissance paraît menacer la solidité du foyer légitime, tout lien de parenté est interdit par la loi, la conséquence qui s'impose est que sur eux il n'y a pas de puissance paternelle, pas de tutelle légale. Tout cela pour des raisons plus spécieuses que solides dont Demolombe s'est fait l'écho :

« Quel est, en effet, dit-il, le principe de la puissance paternelle et de la tutelle et de toute cette magistrature domestique? C'est la confiance de la loi dans la personne de ceux qu'elle en investit, sa confiance dans leur caractère, dans leur moralité; or, il est très logique et en même temps très exemplaire que la loi n'accorde pas une telle confiance aux auteurs de l'adultère et de l'inceste et, puisqu'on place l'inconduite et le désordre des mœurs au premier rang des causes qui entraînent la destitution de ces sortes de pouvoirs (art. 444 C. civ. et 333 C. pén.), il y aurait eu contradiction à en faire ici des titres à la confiance du législateur. Et puis, convenait-il de mettre sans cesse en présence les uns des autres les enfants incestueux ou adultérins et leurs père et mère, de multiplier entre eux les relations juridiques et officielles? Fallait-il entretenir et perpétuer ainsi le souvenir d'un crime que la loi voudrait au contraire effacer par l'oubli? Fallait-il placer dans les familles légitimes cette cause incessante de discorde et de scandale? » (¹).

On ne doit donc pas s'étonner de ce que la loi du 2 juillet 1907, organisant la protection et la tutelle des enfants naturels, ait une fois encore laissé à l'écart la filiation incestueuse

____

(¹) Demolombe, V, n. 597, p. 676.

ou adultérine, puisqu'elle exige que les enfants sur lesquels s'exercera la puissance aient été légalement reconnus.

Privé de toute protection éclairée et bienveillante, l'enfant incestueux ou adultérin a, cependant, des devoirs à remplir.

Comme tout enfant, il doit à tout âge honneur et respect à ses auteurs (art. 371 C. civ.). C'est pourquoi les textes permettent de le condamner comme parricide s'il tue un père ou une mère dont il peut à peine se dire le fils (art. 299 C. pén.).

D'après la majorité de la doctrine (¹), l'enfant incestueux ou adultérin est obligé de fournir des aliments à ses parents s'ils sont dans le besoin.

Nous connaissons les droits de l'enfant du vivant de ses auteurs, nous connaissons ses obligations. Quels sont ses titres sur la succession de ces derniers ?

C'est un droit de créance alimentaire (art. 762 C. civ.); l'enfant ne peut élever aucune prétention si le défunt lui a fait apprendre un métier qui lui permette de vivre (²). Toutefois, si parvenu à l'âge d'homme et pour une cause indépendante de sa volonté, l'enfant n'est plus en état d'exercer sa profession et se trouve dans l'impossibilité de subvenir à ses besoins, il peut, à l'ouverture de la succession, réclamer des aliments.

Ajoutons d'un mot que la loi non seulement refuse aux enfants incestueux ou adultérins le titre d'héritiers ou de successeurs irréguliers mais leur défend de recevoir de leurs auteurs des donations entre vifs ou testamentaires. Tout au plus peuvent-ils être l'objet d'un legs dont la valeur n'excèdera pas celle des aliments dus par la succession si l'auteur n'a pas pourvu aux besoins de son fils.

(¹) V. Baudry-Lacantinerie et Houques-Fourcade, III, n. 2029, p. 604.

(²) Demolombe, XIV, n. 127; Laurent, IX, p. 172. — Toulouse, 30 avril 1828, D., *Rép.*, vº *Succession*, n. 374.

Ainsi victime de la sévérité de la loi, sans famille, presque sans droits, l'enfant incestueux ou adultérin est bien, comme l'a dit Loyseau, « l'enfant du malheur et du crime » (¹).

Sans doute l'adoption qu'on s'accorde à ne pas lui refuser vient parfois l'élever à peu près au rang d'enfant légitime, mais les avantages qui en résultent n'ont rien des douceurs qu'assure la légitimité.

Et voici alors que la légitimation apparaîtra comme le seul mode efficace et humain de réhabilitation ; elle s'impose d'autant que de tous les bâtards, l'enfant incestueux ou adultérin est celui envers lequel les parents ont des devoirs d'autant plus étendus qu'il est né d'une faute plus grave.

(¹) Loyseau, *Traité des enfants naturels*, p. 731.

PREMIÈRE PARTIE

APERÇU HISTORIQUE SUR LA LÉGITIMATION DES ENFANTS
INCESTUEUX OU ADULTÉRINS

PREMIÈRE PARTIE

Aperçu historique sur la légitimation des enfants incestueux ou adultérins.

—

CHAPITRE PREMIER

Droit romain.

A l'origine de Rome et pendant des siècles, les questions relatives à la constitution de la famille — telle que nous la concevons aujourd'hui — sont restées ignorées de l'ancienne loi; la condition des enfants naturels notamment n'a pas éveillé l'attention de la société païenne, qui, sans sévérité comme sans bienveillance, les laissa dans le plus complet oubli.

Les naissances illégitimes étaient cependant aussi nombreuses qu'aujourd'hui : triste résultat de l'esclavage, dès les temps reculés de la fondation de la Ville et trop souvent, aux premières années de l'Empire, conséquence fâcheuse d'un état de mœurs tel qu'il n'était pas rare alors de voir gravée, au-dessous d'inscriptions tumulaires, l'effigie d'un chef de famille défunt encadrée de celle de sa femme et de sa concubine (¹), de ses enfants légitimes et de ses bâtards. « Indulgence des mœurs pour les unions irrégulières, indif-

(¹) Mommsen, *Corpus inscrip. de Berlin,* V, 1.

férence des lois pour les enfants issus de ces unions », telle fut l'attitude contradictoire de la société romaine pendant la période païenne.

Sous l'influence du Christianisme, la loi, désireuse de favoriser la légitimité du mariage, frappera de déchéance les enfants illégitimes mais elle corrigera les rigueurs de ses prohibitions par des privilèges et suivra un système plus conforme à nos idées et à nos mœurs.

Cette seconde période sera, de notre part, comme la première, l'objet d'un court exposé.

Durant la période païenne, le silence des textes nous prive de renseignements précis sur la situation des enfants nés hors mariage : celle-ci peut, toutefois, se déduire de la constitution de la famille.

La famille romaine fut, au début de son histoire, soumise au régime patriarcal dont le trait dominant est la souveraineté du père qui prend sa source dans le mariage légitime ou *justæ nuptiæ* conforme aux règles du droit civil de Rome. La famille comprend le *paterfamilias* qui en est le chef et toutes les personnes placées sous sa puissance paternelle ou maritale ou qui lui resteraient soumises s'il vivait indéfiniment : ce lien, c'est l'*agnation*.

La souveraineté du père est absolue, son pouvoir s'étend aux personnes comme aux choses ; il peut agrandir le cercle de la famille ou le restreindre à son gré, adopter un étranger ou émanciper un descendant : il est le maître.

Cette conception de la famille, indépendante du lien du sang, laisse la mère dans l'effacement ; entre elle et ses enfants, aucune parenté civile, tout au plus si le mariage contracté avec *manus,* la plaçant par rapport au mari dans la condition d'une fille de famille, crée un lien d'agnation qui la fait considérer comme la sœur de ses enfants.

On conçoit aisément qu'à cette époque la filiation naturelle, sans qu'il y ait lieu de distinguer les fruits du concubinage de ceux de l'inceste ou de l'adultère, ne donne pas accès dans la famille; à l'égard de son père, l'enfant naturel n'a aucun droit et reste pour lui un étranger; il n'y a entre eux ni rapport d'obligation ni rapport d'incapacité, et le père peut laisser l'enfant dans la misère comme le combler des plus larges libéralités, sans que ce dernier puisse jamais imposer ses exigences. La paternité légitime est la seule qui soit connue de la loi romaine : tout enfant né hors mariage est un enfant sans père, et, s'il naît d'une femme libre, il jouira au jour de sa naissance de toutes les prérogatives d'un *sui juris,* d'un *paterfamilias.*

Cette organisation juridique de la famille a longtemps résisté à toute atteinte : l'agnation répondait à un besoin social et resserrait des liens qui se développaient à l'infini, bien que les mâles seuls assurassent sa transmission.

Progressivement, cependant, le droit naturel va battre en brèche ce système arbitraire, et, vers la fin de la République, les Romains vont respecter la parenté naturelle basée sur les liens du sang, la *cognation,* à laquelle ils accorderont des effets étendus.

En dehors des enfants issus des justes noces, il y a lieu dès lors de signaler ceux dont la filiation est légalement établie à l'égard du père comme de la mère. Les uns naissent du concubinat, union d'ordre inférieur mais durable, qui se distingue des liaisons passagères; d'autres, du mariage du droit des gens contracté entre personnes qui n'ont pas le *connubium,* c'est-à-dire auxquelles la loi prohibe les justes noces; d'autres, enfin, du *contubernium* ou union des esclaves. Seuls, n'ont pas de père, les enfants dénommés *vulgo concepti,* fruits d'une union passagère. Cela tient à l'impossibilité évidente où l'on se trouve de les attribuer avec certitude, quelquefois même avec vraisemblance, à tel homme plutôt qu'à tel autre, les Romains n'ayant pas conçu l'idée moderne de la reconnaissance des bâtards.

Sous cette dénomination large sont compris les enfants adultérins ou incestueux, bien qu'on ait le plus souvent appelé *nefarii* les enfants nés de parents qui, en raison de l'existence soit d'un premier mariage, soit de liens de parenté, ne pouvaient contracter ensemble ni justes noces ni concubinat ; les uns comme les autres, regardés par la loi avec une extrême défaveur, souffrent de cette situation inférieure.

Avec le Christianisme, le sort de ces derniers allait subir un changement profond. L'Eglise voulut marquer sa faveur pour le mariage, son mépris pour toutes les unions tolérées par les mœurs païennes, sa volonté de prévenir des relations illicites en frappant les père et mère dans leurs enfants. Sous son impulsion, Constantin édicta des incapacités, Honorius et Arcadius refusèrent au fruit du crime la moindre parcelle du patrimoine de leurs auteurs. Justinien alla même jusqu'à interdire qu'on donnât des aliments à ces enfants. La rigueur des lois favorisa cependant leur réhabilitation.

C'est au Bas-Empire seulement qu'apparut, avec l'idée de favoriser les *justæ nuptiæ*, la légitimation faite pour faciliter au père le moyen d'acquérir la puissance paternelle sur ses enfants naturels : elle fût concédée par mariage subséquent, par oblation à la curie et par rescrit du prince.

Toutefois, et longtemps auparavant, Gaius et les jurisconsultes avaient parlé de la *causæ probatio* et de l'*erroris causæ probatio* qui furent, en quelque sorte, comme le germe de la légitimation dont elles produisaient en partie les effets.

Dans une constitution aux effets temporaires, Constantin offrit en **335**, aux personnes vivant en concubinat, de légitimer leurs enfants naturels par la transformation de leur union en *justæ nuptiæ;* cette disposition ne visait que les enfants déjà nés et ne regardait pas l'avenir.

Sans être décisifs les résultats furent appréciables, car l'empereur Zénon renouvela en 476 (¹) cette faveur; Anastase (²) devait, en 517, faire de la légitimation une institution régulière en l'accordant pour le passé comme pour l'avenir à la seule condition que le père n'ait pas d'enfants légitimes (³). Supprimée par Justin en 519, Justinien allait en 529 asseoir définitivement les bases de la légitimation : il l'introduisait même au cas où le père avait des enfants légitimes mais seulement en faveur des *liberi naturales,* nés dans un concubinat proprement dit : les enfants incestueux n'étaient pas encore protégés par le système des dispenses en vue du mariage et les enfants adultérins, moins que tous les autres, n'étaient aux yeux de Justinien dignes de pitié (⁴).

La légitimation par oblation à la curie, destinée, aux années de misère, à recruter les curions chargés du recouvrement des impôts et trop souvent exposés à une ruine rapide, fut introduite en 443 par Théodose II et Valentien III. Elle permettait au père d'un enfant naturel de le légitimer en l'offrant, si c'était un fils, à la curie de sa ville natale, en la mariant, si c'était une fille, à un curion.

Malgré la très grande facilité avec laquelle s'obtenait cette légitimation, les enfants incestueux ou adultérins se virent refuser ce bénéfice.

Quant à la légitimation par rescrit du prince, Justinien l'avait instaurée dans l'intérêt des *liberi naturales* dont la

---

(¹) L. 5, C., *de nat. liberis.*
(²) L. 6, C., *de nat. liberis.*
(³) L. 10, C., *de nat. liberis.*
(⁴) Nov. 74, cap. 5.

mère était morte, ou mariée à un autre que leur père. Dans ces divers cas celui-ci pouvait, en s'adressant au prince ou en lui exprimant ce vœu dans son testament, obtenir pour eux une légitimation dont l'impossibilité du mariage les aurait privés.

CHAPITRE II

Droit canon.

Quand l'Empire romain eut à subir le choc des invasions barbares, l'Église, forte de son unité et de sa discipline, vit sa puissance grandir : aux règles éparses succéda une législation sagement ordonnée.

Pour définir la légitimité et l'illégitimité, le droit canonique s'attacha étroitement à la législation romaine, mais tout en distinguant comme elle les mêmes catégories d'enfants naturels, il mit plus de largesse à relever les bâtards de leur triste condition.

Si la véritable théorie de la légitimation appartient, en effet, au Bas-Empire chrétien, elle s'est surtout développée dans la législation pontificale du Moyen-Age, qui mentionne la légitimation par mariage subséquent et par rescrit du pape.

La légitimation par mariage subséquent est le seul mode de légitimation que « le droit canonique enrichit de nouvelles règles ».

Sous le droit romain, cette institution ne profitait qu'aux *liberi naturales ;* les canonistes l'étendirent au *spurii* dont la filiation paternelle était prouvée, aux enfants naturels *lato sensu,* en un mot à tous les enfants nés en dehors du mariage *ex soluto et soluta.* Le bénéfice de la légitimation était refusé si, à l'époque de la naissance de l'enfant, le mariage

était impossible entre le père et la mère. « C'était », dit
M. Esmein, « la conséquence d'un principe général sur la
manière dont opéraient les fictions. On tenait, en effet, que,
pour qu'une fiction pût faire rétroagir un acte de droit, il
fallait que cet acte eût été possible à deux moments : au
moment où il se produisait réellement et au moment où on
le supposait déjà fictivement accompli » (¹).

Ainsi étaient exclus de la légitimation par mariage subséquent les enfants adultérins et les enfants incestueux.

Quant à la légitimation par rescrit du prince introduite
par le droit romain, elle permit au pape, usant de son pouvoir souverain, de n'observer aucune distinction dans la légitimation des bâtards. En 1201, Innocent III nous en donna le
premier exemple dans la personne des enfants adultérins que
Philippe-Auguste avait eus d'Agnès de Méranie. Suivant cet
exemple, Guillaume, comte de Montpellier, sollicita du pape
une semblable faveur, mais le pontife, prétextant que Guillaume, vassal du roi de France, ne pouvait avoir recours à
une puissance étrangère, s'offrit seulement à relever ses
enfants de la bâtardise *ad spiritualia*. Philippe-Auguste aurait
eu comme souverain le droit de légitimer ses enfants et seul
un excès de scrupule l'avait fait s'adresser au pape.

La correction d'Innocent III ne fut pas toujours imitée de
ses successeurs et, vers les xvᵉ et xviᵉ siècles, les bulles d'in-
vestiture des légats du pape renfermant une clause qui leur
déléguait le pouvoir de légitimer en France les enfants naturels, les Parlements s'efforcèrent de réduire cette faculté de
légitimation aux seuls effets spirituels. Elle servit ainsi plus
particulièrement à relever des incapacités ecclésiastiques.

(¹) Esmein, *Le mariage en droit canonique*, II, p. 42.

CHAPITRE III

Ancien droit français.

Les coutumes germaines et les Capitulaires des rois francs, tout comme le droit romain et le droit canonique, infligèrent des déchéances aux enfants naturels.

Rejeté de la société, considéré comme personne vile, le bâtard est serf et le droit de protection qu'exerce sur lui la prérogative royale devient pour les nobles qui l'usurpent, un droit à l'oppression.

Peu à peu cependant, vers le xiiie siècle (¹), le sort du bâtard s'adoucit. La règle germaine « le pire emporte le bon » s'efface devant la règle romaine *partus ventrem sequitur* et l'enfant né d'un serf et d'une femme libre suit la condition de sa mère. En Beauvoisis, où la liberté était de droit naturel, elle fut concédée à l'individu né hors mariage sans considération de l'état juridique de ses auteurs. Ailleurs les enfants naturels, grâce à l'acquisition des terres de franchise ou à d'autres moyens, parvinrent à la liberté. Avec elle, les incapacités allèrent en diminuant tant dans le domaine du droit privé que dans celui du droit public.

Pour effacer la tache d'illégitimité d'où découle l'infériorité sociale du bâtard, l'ancien régime disposa de deux procédés : la légitimation par rescrit du prince et la légitimation par mariage subséquent.

(¹) Glasson, *Hist. du droit et des instit. de la France*, VII, p. 98.

La délivrance par le roi des lettres de légitimation n'eut pour limite que le bon vouloir du souverain, qui pouvait relever tout enfant, même incestueux ou adultérin, de l'incapacité attachée à son origine. Au dire de Papon, la première de ces légitimations remonterait à 1551 : « Plusieurs s'esbahirent », dit-il, « pour le mauvais exemple qui en sort à raison de l'adultère partout et toujours odieux » [1].

Les rois firent un large usage de ce pouvoir et l'utilisèrent dans l'intérêt de leurs propres enfants : telles les lettres patentes qui légitimèrent César, fils adultérin d'Henri IV et de Gabrielle d'Estrées (1595) [2]. L'existence d'enfants légitimes ne met aucun obstacle à la légitimation ; celle-ci est concédée alors que rien n'empêche le mariage des parents ; le rescrit ne mentionne parfois que le nom d'un des auteurs de l'enfant, généralement le père. Ce fut la méthode employée par Louis XIV lorsqu'il légitima les enfants qu'il avait eus de Mme de Montespan.

Sollicitée souvent par des personnes autres que le père ou la mère telles que l'aïeul ou même des collatéraux, la légitimation par lettres royaux relevait de toutes les incapacités. A l'égard des enfants incestueux ou adultérins, cependant, elle n'avait aucun effet dans le domaine privé et ne leur profitait que « pour tenir offices, bénéfices et dignités » [3].

La légitimation par mariage subséquent fut plus efficace dans ses effets et aussi plus répandue. Par la seule force du mariage, les père et mère conféraient à leurs enfants naturels la légitimité. Cette doctrine, dont nous avons exposé dans le chapitre précédent les grandes lignes, inspirée par l'Eglise au droit romain, fut précisée par Alexandre III, lorsqu'en

[1] L. 21, III, 8.
[2] Isambert, *Recueil des anciennes lois françaises*, XV, p. 97.
[3] Bacquet, *Droit de bâtardise*, p. 186.

1160 il coordonna les théories de la légitimation : *Tanta est vis matrimonii ut qui antea sunt geniti, post contractum matrimonium, legitimi habeantur* (¹).

Cette règle ne s'appliquait pas aux enfants dont les père et mère ne pouvaient se marier à l'époque de la naissance. Fidèles à la doctrine canonique, les Parlements refusèrent, en France, la légitimation aux enfants adultérins. Pour les enfants incestueux, la question fut controversée. Certains auteurs (²) soutinrent que la dispense accordée aux auteurs de l'enfant pour contracter mariage effaçait l'empêchement de parenté et purgeait le vice d'inceste. Elle prouvait ainsi que le mariage était possible au moment de la naissance de l'enfant et produisait sa légitimation *ipso facto*.

Le sens de cette décrétale est, à vrai dire, beaucoup plus étroit et les *spurii* auxquels elle refusait le bénéfice de la légitimation comprenaient aussi bien les enfants incestueux que les enfants adultérins : le Code Théodosien n'avait-il pas lui-même appliqué cette qualification aux enfants nés de beaux-frères et de belles-sœurs (³) ? La décrétale ne pouvait pas se montrer moins sévère que le Code pour les fruits d'un crime regardé par l'Eglise comme beaucoup plus grave que l'adultère.

En disant que la dispense anéantissait le passé et faisait disparaître, par son effet rétroactif, le caractère incestueux du commerce des parents, ces auteurs ont fait une confusion.

Le droit canonique connaissait deux sortes de dispenses : l'une, simple, ne produisait d'effet que du jour du mariage, pour l'avenir; l'autre, la dispense *in radice*, effaçait l'empê-

---

(¹) C., 6, X, *Qui filii*, IV, 17.

(²) Voët, XXV, titre VII, n. 9; Bourjon, *Droit com. de la France*, liv. I, III, chap. VI, sect. II, n. 19; Lebrun, liv. I, chap. II, sect. I, dist. 1, n. 10; Pothier, *Successions*, chap. I, sect. II, art. 3, § 5.

(³) *Contra* Beudant sous D., 67. 1. 5.

chement jusque dans le passé ([1]). La seconde seule conférait la légitimation, mais une condition fut toujours nécessaire à son obtention : c'était « un mariage de fait, nul en droit, mais existant dans la forme ».

Le plus souvent, il est vrai, le Pape utilisait la légitimation par rescrit et appliquait ce procédé aux *spurii;* à la dispense sollicitée par les auteurs de l'enfant, il ajoutait un bref spécial accordant la légitimation de ce dernier. En France, cette doctrine canonique fut en pleine vigueur au xvie siècle.

Puis, peu à peu, on se demanda si le Pape avait ainsi le droit de relever les sujets du roi de certaines incapacités et on regarda comme nulle la clause de légitimation : sa force fut restreinte aux effets spirituels.

Refuser la légitimation des enfants incestueux dans tous les cas eût été, cependant, de la part des Parlements, une mesure injuste, d'autant que les empêchements canoniques étaient nombreux : les uns de droit éternel, les autres édictés par le droit canon. Les premiers entraînaient l'inceste, les seconds furent considérés comme plus ou moins arbitraires. Pour apprécier l'étendue du droit arbitraire, les Parlements se basèrent sur la distinction tirée de la procédure d'obtention de la dispense.

S'il suffisait de demander la dispense pour l'obtenir, les Parlements décidaient que les relations en dehors du mariage n'avaient pas entraîné l'inceste. Lorsque la dispense n'était accordée que *cognita causa,* sur des raisons graves, on estimait que les auteurs avaient eu un commerce incestueux : la légitimation de l'enfant était impossible.

C'est en se basant sur ces considérations que le Parlement de Paris admit, dans différents arrêts, la légitimation des

______

([1]) Esmein, II, p. 366,

enfants antérieurement nés de cousin et cousine germaine et la refusa à des fils d'oncle et de nièce, de beau-frère et de belle-sœur ([1]).

Telle fut, sous l'ancien régime, la sévérité de traitement imposé aux enfants incestueux ou adultérins. Au nom de l'intérêt général, l'arbitraire des lois positives consacra une inégalité voisine de l'opprobre que les philosophes du XVIII° siècle allaient combattre et la Révolution effacer pour assurer le retour au droit de la nature.

([1]) Arrêts des 12 mai 1665, *Journ. des audiences,* liv. VII, chap. XIX, p. 1665, II; 20 août 1711, Bourjon, *Dr. com. de la France,* liv. I, III, chap. VI, sect. II, n. 19; 4 juin 1725, Denisart, v° *Légitimation;* 11 août 1738, *Code matrimonial,* v° *Légitimation,* p. 689; 11 décembre 1664, *Code matrimonial,* v° *Dispense,* p. 423 et *Journal des audiences,* liv. VI, chap. LVIII, p. 766.

CHAPITRE IV

La législation révolutionnaire.

Dès 1789, les cahiers des Etats généraux signalaient l'infériorité de condition des enfants nés hors mariage ; malgré le ton emphatique des revendications, les doléances étaient de portée mesurée, presque timide. Les enfants naturels n'ont dû qu'à l'abolition des droits féodaux décrétée le 4 août, d'être relevés indirectement des déchéances dont ils étaient frappés en droit public. Mais bientôt le législateur allait entreprendre des réformes radicales dont la filiation naturelle tirerait profit.

Le 2 juillet 1798, Peuchet soumettait à la Constituante un projet de législation sur les bâtards, destiné à relever une classe « méconnue de la loi civile », mais sa proposition ne fut pas adoptée ; le 13 avril 1791, cette assemblée supprimait cependant les derniers restes du droit de bâtardise. Un an plus tard, le 25 mars 1792, Mme de Granval présentait à l'Assemblée législative une pétitition en faveur des enfants nés hors mariage, au nom du droit naturel « base et racine de toutes les lois ». Elle reçut une réponse qui, pour contenir une promesse, ne laissait pas que d'être évasive : « Madame, les droits de la nature sont, pour un peuple libre, la première de toutes les lois. L'Assemblée nationale donnera toute son attention à l'intéressante pétition que vous venez de lui présenter » (¹).

(¹) *Archives parlementaires*, XL.

La Convention entra, la première, dans la véritable voie des réformes. « Les hommes naissent libres et égaux en droits », portait la Déclaration des Droits de l'homme; il fallait appliquer dans la famille aussi bien que dans la société les principes proclamés par la Révolution.

Le 7 mars 1793, un comité de législation était constitué pour élaborer un projet de décret sur les enfants naturels, et trois mois après, le 4 juin, Cambacérès remettait un rapport. Son plan était restreint : « Je ne crains pas de vous proposer de placer dans la famille les enfants naturels nés de personnes libres presque au même rang que les enfants légitimes, sauf quelques différences en faveur de ceux-ci et uniquement dans la vue de favoriser l'institution du mariage ».

Adoptant, le même jour, les conclusions de ce rapport (¹), la Convention votait le décret suivant : « Les enfants naturels succèderont à leurs père et mère dans la forme qui sera déterminée ».

On s'est demandé si ce décret, puisant sa signification dans le rapport de Cambacérès qui l'avait précédé, excluait la filiation-incestueuse ou adultérine puisque le conventionnel ne visait que les enfants naturels « nés de personnes libres ».

Deux lettres de Cambacérès (²) nous éclairent à ce sujet. Un enfant naturel avait exprimé le regret que les enfants qui n'étaient pas nés de personnes libres eussent été exclus par le rapporteur. Son père était mort ne laissant que des héritiers légitimes au quatrième degré; comme enfant adultérin et le plus proche parent n'hériterait-il pas? Pourquoi le punir d'une faute qu'il n'avait pas commise? Cambacérès a écrit en tête de cette lettre : « Citoyen, le sort des enfants naturels ne

______

(¹) Sirey, *Lois annotées*, 1789-1830, p. 232.
(²) Sagnac, *Législation civile de la Révolution française. La propriété et la famille*, 1789-1804. Paris, 1899.

peut plus être équivoque. A leur égard, le principe est consacré par le décret rendu à la suite de mon rapport. J'espère
qu'ils n'auront pas à se plaindre des articles de développement et de détail ».

Un père adultérin satisfait, au contraire, du rapport de
Cambacérès, souhaitait que son fils adultérin eût une part
égale à celle de ses enfants légitimes.

Cambacérès écrit sur la lettre :

« Citoyen, le suffrage des hommes de bien est la plus
douce récompense de ceux qui se dévouent au service de leur
pays. J'attache un prix infini aux applaudissements que vous
donnez à mon rapport sur les enfants naturels et au décret
qui en a été la suite. Le principe est consacré et c'est déjà
un grand pas. Les articles de développement et de détail ne
tarderont pas à occuper l'attention du comité et celle de la
convention nationale. Je félicite le jeune citoyen qui vous
doit le jour de n'être pas la victime de nos vieilles erreurs et
de nos atroces préjugés ».

Ces documents, en même temps qu'ils nous indiquent le
brusque retour de Cambacérès sur les scrupules premiers
qui accompagnaient ses désirs de réforme, nous permettront
de mieux appliquer, en matière de filiation adultérine ou
incestueuse, les principes du projet de Code civil.

Deux mois s'écoulèrent et le 9 août 1793 ce projet était
voté. Il décrétait l'assimilation complète des enfants légitimes
et des enfants naturels et contenait des dispositions définitives et des dispositions transitoires. Les premières concernaient les enfants naturels à naître et prohibaient à leur
endroit la recherche de la paternité non avouée : seule était
reçue la reconnaissance du père devant l'officier public confirmée par l'aveu de la mère. Les secondes réglaient, en
appendice, la condition des enfants naturels existants et les

faisaient bénéficier depuis le **14** juillet **1789**, moyennant la preuve de la filiation, des bienfaits de la nouvelle loi.

Ce Code fut décrété puis suspendu dans l'intérêt des enfants dont les parents étaient décédés ; on résolut de remanier les articles d'appendice et de les adapter aux circonstances par une loi particulière, le décret du **12** brumaire an II (**2** novembre **1793**) (¹).

Il est intéressant d'en reproduire les articles **1, 8, 10, 11, 12, 13** et **16** :

ART. **1**. — Les enfants actuellement existants, nés hors mariage, seront admis aux successions de leurs père et mère ouvertes depuis le **14** juillet **1789**.

Ils le seront également à celles qui s'ouvriront à l'avenir sous la réserve portée à l'article **10** ci-après.

. . . .

ART. **8**. — Pour être admis à l'exercice des droits ci-dessus dans la succession de leur père décédé, les enfants nés hors mariage seront tenus de prouver leur possession d'état. Cette preuve ne pourra résulter que de la représentation d'écrits publics ou privés du père ou de la suite des soins donnés, à titre de paternité et sans interruption, tant à leur entretien qu'à leur éducation.

La même disposition aura lieu pour la succession de la mère.

. . . .

ART. **10**. — A l'égard des enfants nés hors mariage dont les père et mère seront encore existants lors de la promulgation du Code civil, leur état et leurs droits seront en tous points réglés par les dispositions du Code.

ART. **11**. — Néanmoins, en cas de mort de la mère avant

______

(¹) Sirey, *Lois annotées* (1789-1830), p. 271.

la promulgation du Code, la reconnaissance du père faite devant un officier public suffira pour constater à son égard l'état de l'enfant né hors mariage et le rendre habile à lui succéder.

Art. 12. — Il en sera de même dans le cas où la mère serait absente ou dans l'impossibilité de confirmer par son aveu la reconnaissance du père.

Art. 13. — Sont exceptés ceux de ces enfants dont le père ou la mère était, lors de leur naissance, engagé dans les liens du mariage. Il leur sera accordé, à titre d'aliments, le tiers en propriété de la portion à laquelle ils auraient droit s'ils étaient nés dans le mariage.

. . . .

Art. 16. — Les enfants et descendants d'enfants nés hors mariage représenteront leurs père et mère dans l'exercice des droits que la présente loi leur attribue.

. . . .

Groupant ainsi tous les enfants nés hors mariage, le décret du 12 brumaire an II faisait une distinction entre les successions ouvertes au profit de l'enfant dont les père et mère étaient décédés avant le 12 brumaire et celles ouvertes au profit des enfants dont les père et mère décèderaient après cette date. Pour les premiers, à la charge de prouver leur possession d'état au moyen d'écrits publics ou privés du père ou des soins reçus de lui (art. 8), la loi rétroagissait au 14 juillet 1789 et cette disposition avait la même portée en ce qui concerne la succession de la mère; l'article 10 soumettait les seconds aux dispositions futures du Code et leur imposait, par conséquent, la reconnaissance du père devant l'officier public confirmée par celle de la mère (¹) Les art. 11

______

(¹) Des controverses nombreuses se sont élevées au sujet des enfants dont les père et mère étaient morts après le 12 brumaire et avant la promulgation du et 12, au cas de mort ou d'absence de la mère au moment de la promulgation du Code, n'exigeaient que la reconnaissance authentique du père. La filiation naturelle était donc soumise à deux modes de preuves : la possession d'état (art. 8) pour les enfants dont les père et mère étaient décédés avant la promulgation du Code, la reconnaissance authentique (art. 10) pour les enfants dont les parents décèderaient après cette promulgation.

Les dispositions si humaines et si larges de la loi du 12 brumaire an II assimilant les enfants nés hors mariage aux enfants légitimes profitaient-elles à tous les enfants naturels sans distinction?

Un peu avant le vote de la loi, le 9 brumaire, Cambacérès dont nous connaissons la largeur de vues, voulait comprendre dans la loi les enfants adultérins et incestueux : « Tous les enfants indistinctement, dit-il dans son rapport, ont le droit de succéder à ceux qui leur ont donné l'existence. Dans un gouvernement basé sur la liberté, les individus ne peuvent être victimes des fautes de leur père. L'exhérédation est la peine des grands crimes; l'enfant qui naît en a-t-il commis, et si le mariage est une institution précieuse, son empire ne peut s'étendre jusqu'à la destruction de l'homme et des droits du citoyen ».

Mais Cambacérès devait renoncer à cette opinion pour

Code : étaient ils soumis à une reconnaissance formelle ou leur suffisait-il de prouver la possession d'état d'après les règles de l'article 8? La loi n'en disait rien. Beaucoup ont vu dans cette lacune une incertitude voulue que certains projets s'efforcèrent de dissiper tels celui de Desmolins (6 floréal an IV), de Blutel (17 prairial an IV), qui aboutit à la loi du 15 thermidor an IV, visant seulement les droits de successibilité, le rapport du ministre de la justice Merlin (12 ventôse an V), le projet du 13 pluviôse an VI, les projets de Desmolins du 16 floréal suivant, difficulté enfin tranchée par la loi du 14 floréal an XI, qui comblait la lacune au moyen des dispositions du Code, reprenant ainsi à une certaine catégorie d'individus des droits qui leur avaient été concédés par une loi antérieure.

refléter celle du comité dont il restait le rapporteur et la réaction de la loi de brumaire n'allait pas être aussi radicale : « Ce n'est pas de mes propres pensées que je devais vous entretenir, c'est de la discussion du comité. On a pensé presque unanimement que le respect des mœurs, la foi du mariage, les convenances sociales, ne permettaient pas de comprendre dans la disposition les enfants de ceux qui étaient déjà liés par des engagements ».

Cette dernière expression concernait, semble-t-il, les auteurs auxquels un lien de parenté interdisait le mariage aussi bien que ceux qui étaient engagés dans les liens d'une union : la loi de brumaire s'est montrée plus explicite.

Afin d'examiner avec netteté la situation nouvelle faite à la filiation incestueuse et adultérine, étudions d'abord les droits que le législateur concède à ces enfants et ensuite les moyens dont ils disposent pour les faire valoir.

Au premier point de vue comme au second, aucune allusion ne touche les enfants incestueux et pendant la période révolutionnaire ce mutisme sera persistant. Aussi pensons-nous qu'ils profitaient des dispositions générales édictées pour la filiation naturelle, d'autant que si une exception figure dans la loi, c'est au préjudice de la filiation adultérine ; l'article 13, en effet, refuse d'assimiler aux enfants légitimes ceux qui naissent de « parents engagés dans les liens du mariage », c'est-à-dire que par opposition à la filiation adultérine, les enfants incestueux viendront à la succession de leur père et mère au même titre que les enfants légitimes.

Ainsi, malgré la personnelle insistance de Cambacérès, la loi de brumaire, pour des motifs de convenance sociale, a seulement exclu les enfants adultérins de ses dispositions bienfaisantes ; elle ne leur permet pas de prendre place dans

la famille légitime, mais comme on ne peut les rendre victimes de la faute de leurs parents, ils ont droit comme pis
aller, à titre d'aliments, au tiers de la part qu'ils auraient
eue s'ils étaient nés dans le mariage.

L'article 14, il est vrai, ne considère pas comme adultérins
les enfants issus de personnes séparées de corps par jugement ou acte authentique « pourvu que leur naissance soit
postérieure à la demande en séparation » (¹).

Mais l'exclusion dont sont frappés les enfants adultérins
porte-t-elle seulement sur les droits de successibilité et ne
les prive-t-elle pas aussi des moyens de prouver leur filiation? L'article 13 vient à la suite d'articles qui s'occupent des
preuves; nous devrions donc conclure à l'impossibilité pour
eux d'établir les liens qui les rattachent à leurs parents.
Cependant, à défaut de toute disposition expresse, nous pensons que le législateur de brumaire n'a pas établi une exception jusque-là ignorée et que la Révolution n'a pas enlevé
aux enfants adultérins la possibilité de retrouver ceux qui
leur avaient donné le jour.

Bien que la jurisprudence ne nous ait pas beaucoup éclairé
sur les modes de preuves de la filiation adultérine, elle nous
permet d'aboutir à la possibilité de reconnaissance des
enfants adultérins.

(¹) Un arrêt de la Cour de cassation du 5 nivôse an IX décide que cet article
n'est pas applicable, dans le cas de divorce, à l'enfant naturel né pendant le
mariage, après la demande en divorce : « Attendu que l'article 14 de cette loi ne
présente une exception à l'article 13 que dans le cas où il s'agit de la succession
de personnes séparées de corps par jugement ou acte authentique. Que cette
exception ne regarde absolument que le passé, puisque les demandes en séparation de corps furent éteintes et abolies par l'article 6 du § 1 de la loi du 20 septembre 1792 sur le divorce. Qu'étendre l'exception de l'article 14 aux personnes
divorcées, ce serait provoquer au divorce les époux infidèles qui verraient exister
des traces de l'oubli de leurs devoirs... » S., *Recueil général des lois et arrêts*
(1791-1804), p. 406.

Un arrêt de la cour de Grenoble, rendu le 6 février 1845 (¹), nous apprend que cette reconnaissance était autorisée par la loi de brumaire.

Un arrêt de la cour de Grenoble du 5 août 1829 maintenu par arrêt de la Cour de cassation du **24 décembre 1832** (²) décide que l'aveu de la paternité adultérine antérieure à la loi du **12** brumaire donnait droit à des aliments sur la succession du père, bien que celui-ci ne fût décédé que depuis cette loi, l'article 10 qui renvoie les enfants naturels au Code ne les ayant nullement dépouillés du droit aux aliments qui résultait pour eux d'une telle reconnaissance.

La cour de Paris, par arrêt du **22 mars 1828** (³), décide dans le même sens que la reconnaissance d'un enfant adultérin, surtout si elle a été faite sous l'empire de l'ancienne législation, donne à l'enfant le droit de réclamer des aliments.

La loi du **12** brumaire permettait donc la reconnaissance des enfants adultérins, comme elle autorisait celle des enfants naturels simples et implicitement celle des enfants incestueux : c'est même uniquement la reconnaissance qui fixera leur état et assignera leurs droits.

N'avait-elle rien fait pour la légitimation? Le législateur révolutionnaire ne s'est pas arrêté à ce mode de réparation ; il n'y avait pas lieu, du reste, de l'organiser, puisque l'enfant naturel prenait place dans la famille légitime et profitait ainsi d'une sorte de légitimation. Cela veut-il dire qu'il ait modifié les principes de l'ancien droit à cet égard et que les mariages contractés antérieurement au Code, non précédés ou accompagnés d'une reconnaissance authentique, ne conféraient plus la légitimation? Pas que l'on sache.

(¹) S., 46. 2. 579.
(²) S., 33. 1. 138.
(³) S., 28. 2. 60.

Un arrêt de la cour de Dijon du 30 juillet 1840 jugea que
la loi de brumaire n'avait rien changé ni modifié, « que si
l'on consulte son esprit, il est impossible de présumer que
le législateur, dont les dispositions étaient si favorables aux
enfants naturels, ait voulu entraver leur légitimation; qu'il eût
été à la fois contraire à la justice, à la raison et à la morale,
d'obliger les père et mère à ne pas se marier et que c'eût été
les en empêcher que de les laisser dans l'incertitude » (¹).

Nous appliquerons ainsi ce principe à la filiation adultérine
et incestueuse. Pour déterminer l'effet de cette légitimation,
il faut consulter la définition de l'adultère et de l'inceste
donnée par la législation existante à l'époque du mariage
des père et mère. La légitimation sera valable encore que la
naissance de ces enfants remonte à une époque où le père
était frappé d'incapacité de mariage.

La Cour de cassation a rendu, le 22 janvier 1812 (²), un
arrêt aux termes duquel l'enfant né, avant la Révolution, des
relations d'un prêtre avec une laïque n'est pas réputé adultérin ou incestueux et a pu être légitimé par le mariage subséquent de ses père et mère valablement contracté en l'an II.

La loi du 12 brumaire avait donc institué un traitement
d'égalité entre les enfants légitimes et les enfants naturels
autres que les enfants adultérins; elle n'avait pas eu besoin
d'édicter que les parents devaient nourrir et élever leurs
enfants naturels, parce que cette loi était écrite dans la
nature. Elle appelait les enfants naturels aux successions de
leurs parents au même titre que les héritiers légitimes; elle
inaugurait en faveur des enfants naturels et de leurs descendants le droit de représentation qu'on ne reconnaissait jusque-là qu'aux enfants légitimes.

(¹) Dans le même sens, Cass., 5 mai 1836, S., 36. 1. 374.
(²) S., 12. 1. 12.

Elle ne prohibait pas en termes formels la recherche de la paternité, mais, d'une part, l'article 10 soumettait aux articles du Code civil les enfants dont les père et mère seraient encore existants au moment de sa publication et ses dispositions s'opposaient expressément à la recherche de la paternité; d'autre part, l'article 8 enrayait déjà cette recherche en limitant les modes de preuve de possession d'état (¹).

Cet acheminement vers la suppression de la recherche de la paternité s'accentuait avec le décret du 4 pluviôse an II qui décidait que les lois des 4 juin 1793 et 12 brumaire an II ne rétroagiraient pas au delà du 14 juillet 1789 et que toutes les actions en déclaration de paternité déjà intentées lors de la publication de ces lois seraient continuées conformément à l'ancienne jurisprudence : c'était les proscrire pour l'avenir.

Malgré tout, le changement était profond. En assurant un traitement égalitaire à tous les enfants sans considération d'origine, la Convention créait des dissensions et suscitait des haines.

L'enfant légitime n'allait pas voir favorablement l'enfant naturel prendre place au foyer de la famille, détruire jusque dans le passé les espérances que lui faisait concevoir l'héritage paternel qu'il faudrait partager. Aussi la Convention prit-elle une série de mesures transitoires destinées à empêcher les enfants naturels de déranger les partages, de préjudicier aux droits acquis ou d'exiger la restitution de fruits.

(¹) La Cour de cassation, par arrêt du 24 vendémiaire an VIII, avait admis l'enfant à faire cette preuve tant par titres que par témoins ; mais, le 13 frimaire an X, elle revint sur cette opinion et jugea qu'à l'égard du père et de ses héritiers, la preuve testimoniale ne pouvait être admise en l'absence d'un commencement de preuve par écrit. Le tribunal d'appel de Bordeaux avait cependant jugé, le 30 pluviôse an XII, que, bien que la loi eût interdit la preuve par témoins de la filiation naturelle, la preuve ainsi faite du consentement de toutes parties pouvait être invoquée par l'enfant dont elle avait établi la filiation. S., 1791-1804. 2. 178.

Peu à peu l'enthousiasme des premiers temps fit place à
l'esprit de modération. L'application des principes nouveaux
en matière de filiation ayant encouragé le désordre des mœurs,
on pensa que la dignité du mariage, base du développement et
de la prospérité d'une nation, s'opposait à ce que les enfants
naturels eussent les mêmes droits que les enfants légitimes.

Dès lors, dans les divers projets de Code qui se succèderont
jusqu'en 1804, le recul des idées se fera sentir ; le Code
Napoléon creusera un sillon profond entre les uns et les
autres, et dans l'impossibilité de châtier les père et mère
naturels dans leurs personnes, il punira des enfants innocents
qui n'avaient pas demandé à naître et qui, nus et délaissés,
incapables de se conserver et de pourvoir à leurs besoins,
sont pourtant soumis pour vivre aux mêmes nécessités que
les autres.

DEUXIÈME PARTIE

LA LÉGITIMATION DES ENFANTS INCESTUEUX OU ADULTÉRINS SOUS LE CODE CIVIL

DEUXIÈME PARTIE

La légitimation des enfants incestueux ou adultérins sous le Code civil.

Dans leur souci d'assurer à tous l'égalité matérielle avec d'autant plus d'énergie et d'exagération que leurs dispositions égalitaires étaient faites en haine de l'ancien régime, les conventionnels s'étaient efforcés d'appliquer dans la confection des lois les principes philosophiques : la loi de brumaire avait assimilé les enfants naturels aux enfants légitimes et l'exception faite pour les enfants adultérins, au point de vue successoral, ne portait qu'une atteinte légère à cette assimilation.

A la lutte contre les vieilles institutions allait succéder le calme et le retour à la tradition ; depuis l'an II, cinq projets avaient été présentés, le dernier seul fut discuté et retenu.

Le législateur de 1804, par réaction contre le décret de brumaire, sacrifiera l'intérêt de l'enfant à celui de la société et se montrera particulièrement sévère pour la filiation incestueuse et adultérine qu'il laisse dans une position d'autant plus critique qu'elle est immuable.

Bien que soumis, en effet, à une situation inférieure, l'enfant naturel simple retrouvera son milieu social et fera disparaître l'irrégularité de sa naissance en obtenant le bénéfice de la légitimation.

L'illégitimité incestueuse ou adultérine, au contraire, se voit refuser toute possibilité de réhabilitation : pour ces enfants, le stigmate est définitif, ineffaçable et le désir louable des parents de régulariser leurs liens et d'élever jusqu'à eux le fruit de leur faute se brisera au texte formel de dispositions implacables.

Cette étude de la légitimation des enfants incestueux ou adultérins, sous le Code de 1804, nécessaire à la compréhension de notre travail pour souligner l'évolution que révèle la loi de 1907, nous conduira à définir la filiation incestueuse ou adultérine et à rechercher les cas où cette filiation peut être légalement constatée.

Nous entreprendrons ensuite l'examen de l'article 331 du Code civil qui a prohibé jusqu'au mois de novembre 1907 la légitimation des enfants incestueux ou adultérins et nous examinerons l'attitude prise par les tribunaux à l'égard de ces deux catégories d'enfants.

Tandis que la jurisprudence a obéi, pour les enfants adultérins, à la lettre comme à l'esprit de la loi, mue par des raisons sentimentales plus que juridiques, elle a tourné le sens de l'article 331 en faveur des enfants incestueux et leur a accordé, au cas de mariage de leurs auteurs contracté avec dispense, la légitimation que les termes précis de la loi leur refusaient.

Cette interprétation, si humaine qu'elle nous paraisse, méritera d'autant plus notre attention, qu'elle a servi de base aux innovations législatives, nous ne dirons pas juridiques, du législateur de 1907.

CHAPITRE PREMIER

Définition des enfants incestueux ou adultérins.

Aux termes de l'article **335** du Code civil, l'enfant incestueux ou adultérin est celui qui est né « d'un commerce incestueux ou adultérin ».

En l'absence de dispositions plus précises, nous définirons la filiation incestueuse ou adultérine à l'aide des principes généraux qui régissent le titre *De la paternité et de la filiation.*

L'état d'un enfant se détermine non au moment de sa naissance mais à celui de sa conception, c'est aujourd'hui l'opinion unanimement reçue. Cette solution était, dans l'ancien droit, très controversée et divers auteurs, pour apprécier le caractère de la filiation, s'attachaient au moment de la naissance de l'enfant, mais Pothier reprit et réfuta une telle opinion (¹) que les termes de l'article **331** du Code civil ont eu pour but de proscrire.

C'est donc en examinant la situation des père et mère au moment de la conception, que nous préciserons le caractère légitime, naturel, incestueux ou adultérin de la filiation.

La première question qui se pose est alors de fixer l'époque de la conception, chose impécise, « la nature ayant dérobé ce mystère à la connaissance de l'homme, à ses facultés morales et physiques, aux perceptions les plus subtiles de ses sens comme aux recherches les plus pénétrantes de sa

______

(¹) Pothier, *Contrat de mariage,* n. 417; *Succ.,* chap. I, sect. II, art. 3, § 5, quest. 1. — Demolombe, V, n. 346.

raison » (¹) ; on ne peut, en l'espèce, avoir des preuves absolues ; on est nécessairement amené à des présomptions. C'est dans le but évident de remédier à ce défaut de preuves que le législateur a édicté une règle applicable à tous les enfants.

Quelques auteurs soutiennent, il est vrai, que les présomptions légales sont de droit étroit et ont seulement été établies par le législateur en faveur des enfants légitimes ; leur portée serait restrictive et, en matière de filiation naturelle, le juge jouirait d'un libre pouvoir d'appréciation. Nous pensons, au contraire, avec MM. Baudry-Lacantinerie et Chéneaux (²) qu'en l'état de la législation, la filiation légitime et la filiation naturelle sont, à ce point de vue, soumises aux mêmes règles.

« S'inspirant des données fournies par la science physiolo- » gique et dépassant même un peu, dans l'intérêt de la légi- » timité, les limites établies par cette science » (³), la loi, sans l'indiquer d'une façon directe, suppose que la gestation la plus courte est au moins de 180 jours, ce qui résulte implicitement des articles **312**, **313** et **314** du Code civil et la plus longue de 300 jours au maximum, déduction tirée des mêmes articles **312** et **313** et aussi de l'article **315** du Code civil. L'époque de la conception est ainsi comprise entre ces deux termes extrêmes : l'enfant, d'après les présomptions de la loi, a été conçu dans la période qui s'étend du 180ᵉ jour au 300ᵉ jour avant sa naissance.

Cette période a, dans l'opinion courante, une durée de **121** jours que l'on calcule *de die ad diem* (un jour plein compris entre minuit et minuit) ou *de hora ad horam* (intervalle

______

(¹) *Moniteur*, Duveyrier, Séance du corps législatif du 2 germinal an XI.

(²) Baudry-Lacantinerie et Chéneaux, *Traité théorique et pratique de droit civil*, Des personnes, IV, n. 629, p. 589. — Même sens Demolombe, V, n. 351.

(³) Baudry-Lacantinerie, *Précis de droit civil*, 10ᵉ édit., 1908, I, p. 417.

de vingt-quatre heures consécutives avec un point de départ quelconque) (¹). Il n'entre pas dans le cadre de ce travail d'examiner les opinions émises au sujet de ces deux procédés ; disons, d'un mot, que le second système, d'abord soutenu par la jurisprudence (²), fut plus tard abandonné après un arrêt de la Cour de cassation du 8 février 1869 (³) et qu'aujourd'hui le calcul *de die ad diem* est définitivement adopté, la plupart des auteurs s'étant, à leur tour, ralliés à cette thèse (⁴). Mais, pour être complet, nous devons indiquer qu'il est généralement admis que la durée minima de la grossesse est de 179 jours pleins, la durée maxima de 299 jours pleins, plus, dans les deux cas, deux fractions de jours : on ne tient pas compte de l'une, *dies a quo*, et l'on compte l'autre, *dies ad quem*, pour un jour plein qui complète ainsi les délais de 180 et 300 jours (⁵). Ces règles ont un caractère d'ordre public.

La période de la conception maintenant délimitée, il nous est permis de distinguer les diverses espèces de filiation.

La filiation légitime, dont nous n'aurons pas à nous occuper, résulte de la conception en mariage ; il suffit que la mère ait eu la qualité de femme mariée à un moment quelconque de la période légale de la conception pour que le mari soit présumé père de l'enfant. Ce principe ressort de l'article **312** alinéa 1 : *L'enfant conçu en mariage a pour père le mari,*

(¹) Baudry-Lacantinerie et Chéneaux, *loc. cit.*, n. 433, p. 340.

(²) Trib. civ. d'Arras, 6 mai 1857, D., 58. 2. 138, S., 57. 2. 370. — Poitiers, 24 juill. 1865, D., 65. 2. 129, S., 65. 2. 271. — Angers, 12 déc. 1867, D., 67. 2. 201, S., 68. 2. 39.

(³) D., 69. 1. 181, S., 69. 1. 215. — Orléans, 3 juin 1869, S., 69. 2. 194, D., 74. 2. 269.

(⁴) Duranton, III, n. 44 ; Zachariæ, I, p. 294, note 4 et p. 300, note 31 ; Marcadé sur l'article 312, note 2 ; Demolombe, V, n. 18 ; Aubry et Rau, VI, § 548, p. 28 ; Planiol, I, n. 1378, p. 446.

(⁵) Demolombe, V, n. 19 ; Aubry et Rau, VI, § 545, p. 29, n. 7 et p. 40 ; Planio I, n. 1378, *J. G.*, v° *Paternité et filiation*, n. 28, *Suppl.*, n. 12.

principe qu'on dit aussi ancien que le mariage et qui n'est autre que la règle romaine : *Pater is est quem nuptiæ demonstrant* (L. 5, Dig., II, 14). La loi, dans l'intérêt supérieur de la société, a voulu cependant accorder la légitimité à l'enfant conçu avant la célébration du mariage, sauf possibilité pour le mari de le désavouer (art. 314 C. civ.), de même qu'elle l'a concédé provisoirement à l'enfant conçu postérieurement à la dissolution du mariage de sa mère, permettant à tout intéressé de contester cette légitimité (art. 315 C. civ.).

La filiation illégitime ou naturelle a pour origine les relations existant entre un homme et une femme qui n'étaient pas liés par le mariage au moment soit de la conception de l'enfant, soit tout au moins de sa naissance, ou dont le mariage a été annulé sans qu'il ait été déclaré putatif. L'enfant naturel, dont la conception n'est entachée ni d'inceste ni d'adultère, pourra, par le mariage de ses auteurs, bénéficier de la légitimation. Ceci pour distinguer dans la dénomination au sens large d'enfant légitime, l'enfant légitime proprement dit et l'enfant légitimé.

L'enfant, ainsi issu de personnes qui ne sont pas unies entre elles par le mariage, peut être, selon les cas, naturel simple ([1]), incestueux ou adultérin.

Qu'est-ce qu'un enfant incestueux? C'est l'enfant conçu d'auteurs qui ne pouvaient contracter une union légitime à cause de leur lien de parenté ou d'alliance.

L'enfant adultérin? C'est l'enfant dont l'un des auteurs, au moment de la conception, se trouvait engagé dans les liens

---

([1]) Pour distinguer les enfants naturels proprement dits des enfants incestueux ou adultérins, la doctrine a appliqué aux premiers l'appellation d'enfants naturels simples; nous userons désormais de cette appellation bien que les textes pas plus que la jurisprudence ne fassent usage de ce terme et que l'expression d'enfant naturel soit, en pratique, exclusivement réservée aux enfants dont l'origine n'est entachée d'aucun vice.

du mariage avec une personne qui n'est pas l'autre auteur, ou bien dont les auteurs, au moment de la conception, sans être unis entre eux par le lien conjugal, étaient cependant, chacun de son côté, enchaînés par le mariage, c'est, en un mot, l'enfant conçu des œuvres d'un homme marié avec une fille libre, d'une femme mariée avec un homme libre, d'un homme marié avec une femme mariée qui n'est pas la sienne. Dans ce dernier cas l'enfant est issu d'un adultère double qui, sans rendre son état pire, le prive cependant de la reconnaissance dont il eût pu être l'objet de la part de celui de ses auteurs qui aurait été libre au moment de la conception.

Pour qu'un enfant soit alors réputé incestueux ou adultérin, il faut donc établir que sa conception coïncide avec l'époque où existait un lien de parenté ou d'alliance entre ses auteurs ou avec le moment où l'un des auteurs ou tous deux étaient engagés dans les liens du mariage, sans s'arrêter au jour auquel fut faite la constatation de la filiation de l'enfant; on a, en effet, jugé qu'un enfant était adultérin, bien que l'acte de naissance eût été dressé au temps où ses parents étaient libres, s'ils ne l'étaient pas au moment de la conception (¹).

Ainsi, selon que l'alliance est antérieure ou postérieure à la conception de l'enfant, celui-ci est ou n'est pas incestueux; selon que la dissolution du mariage est antérieure ou postérieure à la conception de cet enfant, celui-ci est ou n'est pas adultérin.

Ces deux séries de conséquences opposées vont découler de la régulière application des présomptions légales. Etudions-les successivement pour l'adultère (suivant que le vice d'adul-

---

(¹) Angers, 13 août 1807, S., an xiii-1808. 2. 165.

térinité provient du père ou de la mère), puis pour l'inceste.

A. LE PÈRE DE L'ENFANT EST MARIÉ : d'après l'époque de sa conception, l'enfant sera nécessairement naturel simple ou adultérin.

1° *Naturel simple :*

a) Un homme marié a une maîtresse qui lui donne un enfant : celui-ci sera naturel simple si le mariage de son père se dissout avant le 300ᵉ jour qui précèdera sa naissance.

b) Un homme abandonne sa maîtresse pour se marier. Au cours du mariage un enfant lui naît de celle qu'il a quittée : cet enfant sera naturel simple s'il naît moins de 300 jours depuis la célébration du mariage.

2° *Adultérin :*

a) Un homme marié devient veuf ou divorce. Plus de 300 jours après la célébration du mariage et moins de 179 jours pleins depuis sa dissolution, sa maîtresse accouche d'un enfant. En supposant que cet homme en soit le père, cet enfant est adultérin. Il ne peut avoir été conçu avant le mariage, car la durée maxima de la gestation est de 300 jours, pas plus qu'après sa dissolution car la durée minima n'a pas moins de 179 jours.

B. LA MÈRE DE L'ENFANT EST MARIÉE. — Alors apparaît la présomption *pater is est* qui complique le problème. Si l'on s'en rapporte uniquement aux principes généraux (écartant pour l'instant l'article 314), trois solutions se font jour : *a*) conçu en dehors du mariage, l'enfant est naturel simple ; *b*) conçu pendant le mariage, il naît légitime, à moins qu'il ne soit désavoué par le mari de sa mère : *c*) il est alors adultérin.

Nous allons voir cependant que la faveur marquée du législateur pour la légitimité a fait subir à ces solutions d'importantes modifications :

1° Il est une première série de cas où, bien que conçu en dehors du mariage, l'enfant naîtra légitime.

a) Une femme mariée devient veuve ou divorce. Plus de 300 jours après la dissolution du mariage, elle accouche d'un enfant. Le doute n'est pas possible, la conception se place nécessairement à une époque où le mariage était dissous : l'enfant apparaît comme naturel simple (¹). Le Code n'a pas adopté cette solution et fidèle au principe qui l'anime de favoriser le plus possible l'enfant, il introduit un tempérament dans la loi au profit de la légitimité. Il accorde provisoirement à cet enfant la qualité de légitime (art. 315 C. civ.) mais permet à tout intéressé d'intenter à n'importe quel moment l'action en contestation de légitimité. Exclu de la famille légitime (²), cet enfant pourra être légitimé par le mariage de la mère avec l'homme qui s'en reconnaîtra le père.

b) Une femme abandonne son amant pour épouser un autre homme. Elle met au monde un enfant avant le 180ᵉ jour qui suit la célébration de son mariage. La conception de cet enfant se place antérieurement au mariage et logiquement cet enfant devrait être naturel simple. Le Code civil a cependant édicté une règle particulière propice à la légitimité (art. 314 C. civ.). Cet enfant est réputé légitime et cette présomption ne peut être combattue qu'au moyen de l'action en désaveu. Mais comme cette présomption est d'une fragilité extrême, une simple dénégation du mari suffira pour la renverser : c'est le désaveu péremptoire.

Ainsi, de deux choses l'une : l'enfant n'est pas désavoué et

(¹) Le Tribunat avait proposé la rédaction suivante qui fut rejetée par le Conseil d'Etat : « La loi ne reconnaît pas la légitimité de l'enfant né 301 jours après la dissolution du mariage ». Locré, VII, p. 172 et 298.

(²) Baudry-Lacantinerie et Chéneaux, *Des pers.*, IV, n. 523, p. 455.

sa situation est celle d'un enfant légitime ; le mariage de la mère avec son amant ne changerait pas son état. L'enfant succombe-t-il dans l'instance en désaveu de paternité? Il est naturel simple et profitera de la légitimation si ses père et mère le reconnaissent en se mariant.

2° Il est une deuxième série de cas où, conçu pendant le mariage, l'enfant naîtra légitime : désavoué par le mari, il sera adultérin.

Une femme mariée devient veuve ou divorce. Elle met au monde des œuvres d'un tiers un enfant plus de 300 jours après la célébration du mariage et moins de 179 jours pleins depuis sa dissolution. L'enfant est nécessairement conçu pendant le mariage et est réputé avoir pour père le mari défunt ou divorcé. Si celui-ci (ou à défaut ses héritiers) n'exerce pas le désaveu, le sort de l'enfant est définitivement fixé et il reste légitime : le mariage subséquent de la mère avec l'amant des œuvres duquel elle a eu cet enfant restera sans influence sur l'état de ce dernier. Au cas d'une action en désaveu intentée avec succès (art. 312, 313 C. civ.), l'enfant est désormais adultérin et la loi nouvelle en permettra la légitimation dans des cas déterminés.

Les principes de la gestation nous amènent à des résultats différents si les hypothèses se compliquent de l'existence d'un lien de parenté ou d'alliance entre le père et la mère de l'enfant :

a) Un homme marié a pour maîtresse la sœur de sa femme ; plus de 300 jours après la dissolution du mariage elle met au monde un enfant. Celui-ci n'est pas adultérin mais il est incestueux comme conçu d'un beau-frère et d'une belle sœur.

b) Un homme épouse la sœur de sa maîtresse : désormais existe entre cette dernière et lui un lien d'alliance. Moins de 180 jours après la célébration du mariage, cette femme met au monde des œuvres de celui qui est devenu son beau-frère un enfant; la conception de cet enfant se place antérieurement au mariage : il n'est ni incestueux ni adultérin. Si plus tard, après la dissolution du mariage, le père et la mère obtiennent dispense et s'épousent, l'enfant pourra être légitimé en tant que naturel simple.

c) Un homme épouse une femme ayant une sœur : il entretient des relations avec cette dernière qui met au monde un enfant plus de 300 jours après la célébration du mariage et moins de 179 jours pleins depuis sa dissolution. Cet enfant est à la fois incestueux et adultérin. En admettant que le père épouse plus tard la mère de l'enfant au moyen d'une dispense, l'art. 331, même avec le sens que lui a prêté la jurisprudence, s'opposait à la légitimation; la loi nouvelle ne lui sera pas plus clémente.

d) Une femme mariée a des relations avec son beau-frère. Elle met au monde, des œuvres de ce dernier, un enfant né plus de 300 jours après la célébration du mariage et moins de 179 depuis sa dissolution. L'enfant a certainement été conçu pendant le mariage; il est donc couvert par la règle *pater is est* et doit être considéré comme légitime. Ainsi, si le mari (ou à défaut du mari ses héritiers) n'exerce pas l'action en désaveu, l'état de l'enfant est définitivement fixé. Désavoué, il pourra au contraire, nous le verrons, bénéficier comme adultérin de la loi du 7 novembre 1907 et être légitimé par le mariage subséquent de ses père et mère si du moins ceux-ci obtiennent une dispense pour se marier, car il ne faut pas oublier que l'enfant est en outre incestueux (¹).

Dans les diverses hypothèses que nous venons d'examiner,

(¹) Ces deux derniers cas (*c* et *d*) offrent, au point de vue de la solution imposée par la loi du 7 novembre 1907, une opposition très caractéristique : l'homme marié ne pourra pas légitimer son enfant, la femme mariée y sera autorisée.

l'état de l'enfant a été facilement déterminé par la stricte application des présomptions légales, mais il en est d'autres plus compliquées où l'absence de textes nous contraindra à recourir à l'esprit général de la loi.

Si la conception d'un enfant est censée se produire au plus tôt le 300ᵉ jour avant sa naissance, au plus tard le 180ᵉ jour, il s'écoule entre ces deux termes extrêmes un délai assez long : il peut dès lors se faire que l'auteur d'un enfant qui prétend se rattacher à son père en vue de la légitimation ait été engagé dans les liens du mariage avec une personne différente de l'autre auteur, soit pendant toute cette période, soit seulement pendant une partie. Quel va être, dans de telles conditions, le sort de l'enfant? Les présomptions légales ne nous sont plus d'un grand secours et en présence de règles qu'à dessein le législateur n'a pas faites plus précises, nous devons nous rappeler que le grand principe qui éclaire notre matière est qu'il appartient à l'enfant de choisir le moment où la situation juridique de ses père et mère lui confère l'état le meilleur. Le législateur marque ainsi sa faveur pour la filiation légitime, à son défaut pour la filiation naturelle qu'il préférera encore à la filiation incestueuse ou adultérine. Il y aura donc lieu de fixer la conception de l'enfant au moment jugé le plus favorable à son intérêt en respectant toutefois la présomption *pater is est* si la mère est mariée.

Cette règle, d'une importance capitale, a été négligée, nous pourrions dire méconnue, dans la loi récente du 7 novembre 1907 dont nous aborderons plus tard l'examen.

Sérions maintenant les hypothèses selon que le lien conjugal concerne le père ou la mère.

A. LE PÈRE S'EST TROUVÉ MARIÉ PENDANT UNE PARTIE DE LA PÉRIODE LÉGALE. — Plus de 179 jours et moins de 300 jours après la

célébration de son mariage, un homme a un enfant de sa maîtresse ; le mariage dissous, il épouse cette femme. L'enfant qui
a été l'objet d'une reconnaissance de ses père et mère sera-t-il
légitimé ? Le mutisme des textes ne nous permettant pas, en
l'espèce, de déterminer le moment de la conception, il y a
lieu d'abandonner à l'enfant le sort le plus avantageux : il
sera naturel simple et par conséquent légitimable (¹). Pour
lui assigner, en effet, une autre condition, il faudrait légalement démontrer le caractère adultérin de sa filiation et cette
preuve ne saurait être admise.

La situation serait identique si l'enfant était né plus de
179 et moins de 300 jours après la dissolution du mariage.

B. La mère s'est trouvée mariée pendant une partie de la
période légale. — Nous aurons alors à tenir compte de la présomption *pater is est*. Une femme ayant eu des relations avec
un tiers se marie et met au monde un enfant plus de 179 jours
et moins de 300 jours depuis la célébration de son mariage ;
cette union dissoute, elle épouse un homme qui se reconnaît
le père de l'enfant ; quel est l'état de ce dernier ? La solution
à envisager est double. Si l'enfant n'est pas désavoué, il est
présumé légitime et son état est irrévocablement fixé.

L'enfant succombe-t-il dans une instance en désaveu de
paternité ? Il devient étranger au mari de sa mère et n'a pas
de père légalement certain. Nous lui assignerons donc l'état
d'enfant naturel simple s'il a été conçu avant le mariage de
sa mère ou celui d'enfant adultérin si sa conception est postérieure à l'union. Or, dans notre cas, il est impossible de
déterminer nettement le moment où se place la conception ;
nous donnerons alors à l'enfant la filiation la plus favorable :
il sera naturel simple. On ne peut efficacement objecter que

(¹) En ce sens Trib. du Havre, 23 mai 1838, S., 40. 2. 463.

le jugement de désaveu rendu contre l'enfant établit sa filiation adultérine : cette décision, tout en démontrant qu'il n'est pas issu des œuvres du mari de sa mère, n'atteste pas qu'il ait été conçu pendant la durée du mariage.

En résolvant ainsi cette espèce, nous n'avons pas à faire application des principes de la confusion de part : on les a fait cependant intervenir dans une hypothèse voisine de celle que nous venons de donner.

Un enfant naît plus de 179 jours et moins de 300 jours après la dissolution du mariage de sa mère. Celle-ci et un homme le reconnaissent pour leur enfant et se marient. Cette seconde union aura-t-elle pour conséquence de légitimer cet enfant ?

Si celui-ci a succombé dans l'instance en désaveu introduite par le premier mari de la mère ou par les héritiers du premier mari, nous ne rencontrons pas de difficultés : il n'est pas légalement certain, d'après la date de la conception, que cet enfant soit adultérin, il est donc naturel simple.

On a soutenu, il est vrai, que l'action en désaveu est toujours intentée contre un enfant couvert par la présomption *pater is est*, ce qui suppose que sa conception a eu lieu au cours du mariage : dès lors, si l'enfant est rejeté de la famille légitime comme étranger au mari, il apparaît nécessairement comme adultérin.

Cette objection n'est pas décisive : c'est seulement par faveur pour la légitimité que l'enfant né dans les conditions plus haut indiquées est présumé conçu au cours du mariage et cette présomption de légitimité est étroitement liée à la présomption de paternité du mari. Inversement la présomption de paternité du mari venant à disparaître et avec elle toute possibilité d'assurer la légitimité de l'enfant, la présomption de conception anormale disparaît à son tour et la filiation de ce dernier n'apparaît pas comme entachée d'adultère.

Si l'enfant n'est pas désavoué, il est temporairement considéré comme légitime et ne peut prétendre que, conçu après la dissolution du mariage, il a pu être valablement légitimé par l'union de sa mère avec son second mari. C'est à cette solution que s'est rangée la cour de Paris dans un arrêt du 13 juillet 1839 (¹).

La Cour de cassation (²) n'a pas voulu admettre une telle argumentation, et raisonnant comme s'il y avait confusion de part, permet à l'enfant de choisir son père. Pour elle, le texte de l'article 315 est purement exceptionnel, édicté dans l'intérêt de la légitimité et ne saurait en aucun cas se retourner contre l'enfant : celui-ci doit donc être considéré comme conçu après la dissolution du mariage lorsqu'il s'agit pour lui d'acquérir une autre filiation légitime.

Certains auteurs, et entr'autres Laurent, ont appliqué le même raisonnement à deux autres espèces :

1° Un enfant naît plus de 179 jours et moins de 300 jours après la dissolution du mariage de sa mère qui s'est remariée avant l'expiration du délai de viduité. Sa naissance a eu lieu moins de 179 jours après la célébration de la deuxième union, l'enfant pourra exercer son choix et revendiquer soit la paternité du deuxième mari, aux termes de l'article 314 du Code civil, soit celle du premier mari. Désavoué par ce dernier, la présomption de paternité est écartée et l'enfant considéré comme issu des œuvres du second mari.

2° Un enfant naît plus de 179 jours et moins de 300 jours depuis la célébration du mariage de sa mère. Cet enfant est reconnu par un homme que la mère divorcée ou devenue

---

(¹) Dalloz, *J. G.*, vᵒ *Paternité et filiation,* n. 94, S., 43. 1. 7.
(²) Dalloz, *loc. cit.,* S., 43. 1. 7.

veuve épouse. L'enfant aura l'option entre deux filiations légitimes : il pourra se dire conçu avant la célébration du premier mariage ou au cours de cette union.

Nous venons ici de dégager brièvement les notions générales qui permettent de déterminer en fait l'origine incestueuse ou adultérine d'une filiation : il nous faut maintenant envisager à quelles conditions la filiation incestueuse ou adultérine est légalement constante.

CHAPITRE II

**Prohibition de la preuve légale de la filiation incestueuse
ou adultérine : étendue et sanction.**

Soucieux de sauvegarder les bonnes mœurs et de protéger
la famille légitime, le Code a voulu effacer toute trace d'inceste et d'adultère et « en éteindre jusqu'au souvenir » (¹).

« Si le vœu du législateur était accompli, a pu dire Demolombe (²), on n'aurait jamais à s'occuper de la filiation adultérine ou incestueuse ». Le législateur a, en effet, couvert d'un
voile épais le désordre des parents qui, dans l'inceste, commettent une faute contre la morale et dans l'adultère un
délit social; il n'admet pas qu'on puisse révéler l'existence
d'enfants dont la naissance paraît être un défi jeté à la pureté
du foyer domestique et au bon ordre des familles et rejette
tous modes de preuves, qu'ils viennent des père et mère, de
l'enfant, ou de toute autre personne agissant du chef de
l'enfant ou contre lui.

Dans cette vue, le Code civil a édicté contre les enfants
incestueux et adultérins les art. 335 et 342, où, d'une part,
il interdit aux père et mère la reconnaissance volontaire de
ces enfants, et, de l'autre, refuse à l'enfant le droit de rechercher soit son père, soit sa mère, si la filiation qu'il réclame
est entachée d'inceste ou d'adultère. Sans examiner le point

(¹) Rapport fait au Tribunat, séance du 28 ventôse an XI (19 mars 1803), Locré,
VI, p. 264, n. 34.
(²) Demolombe, V, n. 561.

de vue moral très discutable qui consiste à éviter le scandale
en supprimant tous les devoirs des parents coupables et en
refusant toute action en justice à des enfants victimes de la
faute de leurs auteurs, il y a lieu de reprocher au législateur
l'étrange anomalie de son système juridique qui tend à concéder de maigres droits à de malheureux enfants (art. 762 et
908 C. civ.) et leur refuse tous moyens de les faire valoir.
La loi, en effet, qualifie d'incestueuse ou d'adultérine la filiation qui, légalement, revêt ce caractère, et chaque fois que
ce caractère apparaît, elle se refuse à constater une telle
filiation ; « or, l'article 335 ne peut s'appliquer que quand
précisément les faits apparaissent : donc il n'est applicable
que lorsqu'il est en contradiction avec les faits » (¹).

Le peu de logique de ce système a fait préconiser par
certains auteurs (²) un projet qui interdit, sans doute, dans
l'intérêt supérieur de la famille légitime, la recherche judiciaire de la paternité incestueuse ou adultérine, mais atta-
cherait à la reconnaissance des enfants incestueux ou adultérins des effets presque égaux à celle des enfants naturels
simples ; nous verrons, avec la loi du 7 novembre 1907,
jusqu'où semble être allé le législateur en faveur de la
reconnaissance faite en vue de la légitimation, mais nous
devons dégager, en ce moment, avec leurs flottements et
leurs variations, les opinions de la doctrine et de la jurisprudence concernant la reconnaissance pure et simple.

(¹) Beudant, II, n. 613, p. 253-254.

(²) Accolas, *Le droit de l'enfant et l'enfant né hors mariage,* 2ᵉ édit., 1885.
Lors de la discussion d'un nouveau projet de loi de M. Rivet (24 déc. 1900) sur
l'abrogation de l'article 340 du Code civil, ce fut l'opinion, qu'à regret, M. Viviani
soutint dans son rapport, *Doc. parl.,* 1900, Annexe, n. 2076.

§ I. Prohibition de la reconnaissance volontaire.

L'article 335 du Code civil interdit formellement la reconnaissance volontaire d'un enfant incestueux ou adultérin; cette interdiction a pour conséquence la nullité de la reconnaissance ainsi reçue au mépris de la loi. L'officier public, à qui l'on fait une semblable déclaration, devrait toujours refuser de dresser un tel acte; en pratique, cependant, si des circonstances de fait permettent, parfois, de déterminer le vice de la filiation et entraînent le refus de l'officier public, trop souvent l'ignorance bien excusable de ce dernier sur la situation anormale des déclarants fera qu'une reconnaissance d'enfant incestueux ou adultérin sera reçue contrairement aux termes prohibitifs de l'article 335. A quels signes constatera-t-on le caractère incestueux ou adultérin de la filiation? C'est la solution de ce problème qui permettra à l'officier public de refuser la reconnaissance ou qui nous autorisera à la déclarer nulle si, en fait, elle a été reçue.

Pour obtenir plus facilement la précision des résultats, il nous faudra faire des distinctions : la reconnaissance peut être double ou simple suivant qu'elle sera faite par les deux auteurs de l'enfant ou l'un d'eux seulement. Double, la reconnaissance sera contenue dans un seul acte ou dans des actes séparés. Simple, il y aura lieu d'examiner l'effet que produira la désignation, par l'auteur de la reconnaissance, de l'autre auteur de l'enfant.

Nous envisagerons d'abord cette dernière hypothèse où la solution sera commune aux enfants incestueux ou adultérins et nous distinguerons, dans les deux cas de reconnaissance double, la filiation incestueuse de la filiation adultérine.

1. LA RECONNAISSANCE EST FAITE PAR UN SEUL AUTEUR; LE DÉCLARANT INDIQUE LE NOM DE L'AUTRE AUTEUR. — La recon-

naissance émanant d'une seule personne qui, par hypothèse, est libre au moment de la conception de l'enfant, ne peut, au point de vue de sa validité, présenter aucune difficulté; on ne se trouve pas en présence d'un enfant incestueux ou adultérin puisque son origine reste ignorée; l'enfant ainsi reconnu est un enfant naturel simple et l'article 335 ne lui est pas applicable. Mais quelle solution interviendra si l'un des auteurs indique dans la reconnaissance, comme autre auteur de l'enfant, une personne qui, lors de la conception, était sa parente ou son alliée au degré prohibé ou engagée dans les liens du mariage?

La reconnaissance est nulle : c'est du moins, basée sur des raisons différentes, l'opinion générale, que ce soit le père qui impute la maternité à une parente, à une alliée ou à une femme mariée, que ce soit la mère qui, dans l'acte de reconnaissance, attribue la paternité à un parent, à un allié ou à un homme marié.

Dans le premier cas, en effet, certains constatent, avec MM. Aubry et Rau ([1]), l'impossibilité « de séparer l'indication de la mère de la reconnaissance de la paternité, puisque c'est par cette indication que se trouve individualisé l'enfant reconnu »; d'autres estiment, avec MM. Baudry-Lacantinerie et Chéneaux ([2]), que l'indication du nom de la femme devient un des éléments de l'aveu fait par l'auteur de la reconnaissance et qu'il y a indivisibilité de l'aveu (arg. art. 1356 C. civ.); d'autres enfin, avec la majorité de la jurisprudence, admettent que l'indication de la mère équivaut à la reconnaissance de celle-ci et qu'il y a, en somme, deux reconnaissances dans un seul et même acte qui révèle ainsi la filiation incestueuse

---

([1]) Aubry et Rau, VI, p. 217, note 4. — *Sic* Bordeaux, 17 nov. 1859, S., 60. 2. 5. — Bastia, 18 août 1845, *Gaz. Pal.*, 45. 2. 749, D., 45. 2. 135.

([2]) Baudry-Lacantinerie et Chéneaux, *Des pers.*, IV, n. 632, p. 593.

ou adultérine. Pour les uns et les autres, la reconnaissance doit être annulée ([1]).

Dans le deuxième cas, où la reconnaissance est faite par la mère avec attribution de la paternité de l'enfant à un homme marié, la majorité de la doctrine, Laurent et Demolombe ([2]) entr'autres, y voit, comme dans le cas précédent, un aveu indivisible qu'on doit envisager en entier et qui entraînera l'annulation, tandis que MM. Aubry et Rau se refusent à tenir compte d'une mention qui ne saurait produire d'effet. « On doit d'autant moins s'y arrêter, disent-ils, qu'en fait, l'individualité de l'enfant reconnu par sa mère en est complètement indépendante ». Cet argument a été renforcé par l'opinion de ceux qui pensent qu'une pareille désignation constitue la recherche de la paternité et doit être, mais elle seule, réputée inexistante.

Avec la Cour de cassation, qui a repris et consacré la théorie des premiers auteurs dans un arrêt du 29 janvier 1883 ([3]), nous préférons trouver dans cette reconnaissance les éléments d'un aveu indivisible et décider en conséquence que l'indication du nom du père, nulle pour vice d'inceste ou d'adultérinité, doit entraîner la nullité de la reconnaissance émanée de la mère libre.

II. La reconnaissance est faite par les deux auteurs : dans

([1]) Dans le sens de la nullité : Laurent, IV, n. 148 ; Demante, II, n. 63 *bis*, IV ; Baret, *op. cit.*, p. 120 ; Demolombe, V, 575 ; Aubry et Rau, VI, § 572, texte et notes 4 et 6 ; Planiol, I, 1484 ; Baudry-Lacantinerie, I, 866, et les arrêts suivants :

1º Pour la filiation incestueuse : Bordeaux, 17 nov. 1859, S., 60. 2. 5, D., 60. 2. 48. — Cass., 1er mai 1861, S., 61. 1. 486, D., 61. 1. 241. — Limoges, 19 mars 1862, S., 62. 2. 255, D., 62. 2. 72. — Trib. Amiens, 25 juin 1883, *Gaz. Pal.*, 83. 2. 49.

2º Pour la filiation adultérine : Bastia, 18 août 1845, P., 45. 2. 789. — Paris, 17 fév. 1868, S., 68. 2. 314. — Trib. civ. Seine, 7 fév. 1884, *Gaz. Pal.*, 84. 1. 512. — Paris, 12 fév. 1884, P., 84. 2, *Suppl.*, 11.

([2]) Demolombe, V, n. 575.

([3]) D., 83. 1. 319.

UN SEUL ET MÊME ACTE; PAR ACTES SÉPARÉS. — Deux personnes reconnaissent en même temps un enfant; deux hypothèses peuvent se présenter : A. Les deux reconnaissances sont faites dans un seul et même acte; B. Le père et la mère reconnaissent l'enfant dans deux actes distincts. Chacune de ces hypothèses nous amènera à distinguer les enfants adultérins des enfants incestueux.

A. *Double reconnaissance par un seul et même acte.*

1° Enfants adultérins.

En présence des deux solutions qui peuvent intervenir : annuler les deux reconnaissances ou seulement celle qui émane de l'auteur marié, la majorité de la doctrine et de la jurisprudence n'a pas hésité et s'est prononcée pour la nullité du tout (1).

Duranton et de rares auteurs prétendent cependant que la reconnaissance émanée de l'auteur libre garde effet suivant que l'adultère est commis par le père ou par la mère. Pour eux, entre deux déclarations, on doit préférer celle qui vous donne les meilleures garanties de véracité : on est alors amené à donner tout crédit à la reconnaissance de la mère dont l'accouchement fournit la preuve matérielle de la maternité et à le refuser au père dont la paternité ne peut jamais être établie avec certitude ; dès lors, si deux reconnaissances sont incompatibles, celle du père ne peut vicier celle

---

(1) Merlin, *Rép.*, v° *Filiation*, n. 19; Demante, II, n. 63; Beudant, II, n. 614; Bonnier, *Traité des preuves*, n. 571 *bis;* Demolombe, V, 574; Aubry et Rau, VI, § 572. note 7; Planiol, I, 1484; Baudry-Lacantinerie, I, 866, et dans la jurisprudence : Nimes, 13 juill. 1824, S., 25. 2. 318. — Angers, 8 déc. 1824, S., 26. 2. 47. — Cass., 1er août 1827, S., 28. 1. 49. — Bourges, 4 janv. 1839, S., 39. 2. 289. — Cass., 1er mai 1861 et 18 nov. 1862, S., 62. 1. 419. — Grenoble, 25 août 1875, Cass., 25 juin 1877, S , 78. 1. 217, P., 78. 537, D., 78. 1. 262. — Arcis-sur-Aube, 23 fév. 1893, D., 93. 2. 564. — Req., 17 juill. 1900, D., 1901. 1. 558. — En sens contraire, Dijon, 29 août 1813 et sur pourvoi Cass., 11 nov. 1819, S., 19. 1. 153 et 20. 1. 222.

de la mère. Par suite, si le père était marié lors de la conception et la mère libre, la reconnaissance de la mère sera valable et servira de preuve à une filiation naturelle, mais en retour, la mère étant mariée avec une personne qui n'est pas le déclarant, la reconnaissance qu'elle fera de son enfant sera une déclaration d'enfant adultérin qui entraînera la nullité du tout. C'est là une distinction purement arbitraire dont nous ne trouvons nulle trace dans le Code civil.

Pour nous, l'opinion dominante est seule sérieuse : les deux reconnaissances sont nulles parce que l'indivisible corrélation qui les unit donne à l'enfant la qualité d'adultérin à l'égard des deux personnes mentionnées dans l'acte comme étant ses auteurs.

2° Enfants incestueux.

Pour ceux-ci, nous adopterons à plus forte raison la même solution. Car si, dans l'espèce précédente, la reconnaissance de l'auteur libre pouvait présenter quelque apparence de validité, celle de l'auteur marié était radicalement nulle ; ici, toutes les deux sont valables à les considérer isolément, mais le seul rapprochement des mentions qu'elles contiennent fait apparaître le commerce incestueux qui s'est établi entre les parents, on ne peut préférer l'une à l'autre, la nullité des deux reconnaissances s'impose.

B. *Double reconnaissance par actes séparés :*

1° Enfants adultérins.

Les auteurs s'accordent à dire que la reconnaissance de la personne libre est valable quel que soit le moment où elle ait été reçue, avant ou après la reconnaissance faite par la personne mariée. Il y a deux actes bien différents l'un de l'autre : d'une part, une reconnaissance d'enfant naturel autorisée par l'article 334 du Code civil ; de l'autre, une reconnaissance d'enfant adultérin qui ne saurait être accueillie.

La déclaration de l'auteur marié sera réputée non écrite et,
tenue pour inexistante, elle ne saurait rejaillir sur la première.

Seul Laurent ([1]) attache à la reconnaissance de l'auteur
marié la force d'un aveu de paternité ou de maternité adultérine dont le vice infectera la déclaration de l'auteur libre
et entraînera la nullité des deux reconnaissances : « Supposons, dit-il, que le père marié reconnaisse un enfant né d'une
femme libre, la reconnaissance est nulle, après cela la mère
reconnaît cet enfant sans déclarer le père. Cette dernière
reconnaissance ne se lie-t-elle pas à la première? Vainement
la mère ne nommera-t-elle pas le père. Il s'est nommé lui-
même. Si l'on admet que la reconnaissance du père est non
avenue, alors évidemment elle ne vicie pas celle de la mère.
Dans l'opinion que nous avons professée l'aveu de la paternité subsiste ; dès lors il résulte de la combinaison des deux
actes de reconnaissance que l'enfant reconnu par la mère est
adultérin, la reconnaissance qu'elle fait est donc nulle. Nous
le déciderions ainsi même si la mère avait commencé par
reconnaître l'enfant et si ensuite il était reconnu par un père
marié... Notre interprétation est rigoureuse. N'est-elle pas,
par cela même, conforme à l'esprit de la loi? L'opinion contraire aboutit à donner un état à cet enfant adultérin, ce que
la loi ne veut pas ».

La conclusion de Laurent, sans même s'appesantir sur sa
théorie de la nullité de la reconnaissance, suffirait à faire
rejeter l'exagération de son système. Ce que la loi ne veut
pas, ce n'est point que l'enfant adultérin n'ait pas d'état, mais
que l'on ne donne point à cet enfant un état entaché d'adultère ; placé entre l'alternative ou de reconnaître la régula-

____

([1]) Laurent, *Traité de droit civil*, IV, n. 146.

rité de la reconnaissance de la mère et de donner à l'enfant sur la succession de celle-ci des droits d'enfant naturel, ou d'admettre sa nullité et de concéder tout au moins à l'enfant la possibilité d'exiger des aliments : nous préférons encore le lien qui le rattache à sa mère et que l'affection de celle-ci est venu resserrer au scandale qui ne manquerait pas de naître si l'enfant intentait une action à son père adultérin et venait troubler le foyer d'une famille légitime.

2° Enfants incestueux.

Avec ceux-ci, le problème devient complexe et les divergences d'opinion, sont encore plus nombreuses. Supposons un enfant reconnu par l'oncle et par la nièce, par le beau-frère et la belle-sœur. Considérée isolément aucune des deux reconnaissances ne révèle l'origine coupable de l'enfant, mais de leur rapprochement apparaîtra l'inceste qui empêche de les valider toutes les deux : il y a-t-il alors lieu de préférer l'une à l'autre ?

Nous connaissons, pour l'avoir reproduite en examinant l'hypothèse précédente, l'opinion de Duranton ([1]), qui admet la validité de la reconnaissance de la mère sans tenir compte de celle qu'antérieurement ou postérieurement le père aurait pu faire. Avec Demolombe ([2]), nous pensons que c'est une théorie trop absolue, « la première reconnaissance a sur la seconde beaucoup d'avantages, sans doute ; la mère est plus sûre de sa maternité que le père de sa paternité. La maternité, d'ailleurs, peut être recherchée et point la paternité. Je conviens que ces différences peuvent très souvent faire prévaloir la reconnaissance de la mère sur celle du père ; mais, enfin juridiquement, nous ne voudrions pas lui concéder cette préférence comme un droit absolu ; car aucun texte ne la lui

([1]) Duranton, III, n. 198.
([2]) Demolombe, V, n. 580.

assure et il ne serait pas impossible, en fait, que de mauvaises passions, qu'un sentiment de cupidité, par exemple, eussent poussé la femme à faire une reconnaissance mensongère ».

On serait ainsi amené à apprécier la reconnaissance d'après les circonstances de fait : ce sera, d'après Demolombe, reprenant ainsi l'idée de Demante, la mission des tribunaux. Certes, c'est assurément une conception plus sage que celle de Taulier ([1]) qui abandonne à l'enfant le choix de son état, mais elle ne donne pas la solution que nous cherchons : « Pour que notre question se pose, disent MM. Baudry-Lacantinerie et Chéneaux ([2]), il faut nécessairement supposer qu'il est impossible de démontrer la fausseté de l'une ou de l'autre reconnaissance. Nous nous trouvons alors en présence de deux reconnaissances, également tenues pour sincères, mais dont le concours révèle l'origine incestueuse de l'enfant qui en est l'objet. Quel en est le sort? C'est ce que le système ci-dessus ne permet pas de déterminer ».

Accepterons-nous alors la thèse d'Aubry et Rau ([3]) ? Pour ces auteurs la reconnaissance qui est la première en date doit être validée, qu'elle émane du père ou de la mère. Elle vaut comme constatation d'une filiation simplement naturelle ; seule la seconde reconnaissance faite par l'autre auteur, parent ou allié, laisse entrevoir le vice ; elle ne doit donc pas être reçue et le serait-elle, elle ne saurait avoir d'effet ni entraîner la nullité de la première. Pour parer aux inconvénients d'une solution qui sera parfois préjudiciable à l'enfant, Aubry et Rau ont cependant admis un tempérament d'une solidité discutable ([3]) : la reconnaissance de la mère, pre-

([1]) Taulier, I, p. 415.
([2]) Baudry-Lacantinerie et Chéneaux. *Des personnes,* IV, n. 633, p. 597.
([3]) Aubry et Rau, VI, § 572, texte et note 10.

mière en date, sera maintenue sans qu'on ait à considérer celle du père ; mais si la déclaration de ce dernier est antérieure à celle de la mère, l'enfant pourra, s'il y voit son intérêt, faire abstraction des deux reconnaissances et rechercher, aux termes de l'article 341 du Code civil, sa filiation maternelle.

Bien qu'adoptée par la majorité des auteurs qui reconnaît la validité de la première reconnaissance et annule la seconde, cette théorie présente, à nos yeux, le défaut de faire de la validité une question de date qui ne saurait décider de l'état d'une personne ; de plus, avec le tempérament introduit par Aubry et Rau, qui accordent à la reconnaissance de la mère une préférence que la loi n'a pas marquée, elle se rattache trop étroitement à celle de Duranton.

La solution qui pour nous s'impose est la nullité des deux reconnaissances dont fut l'objet l'enfant incestueux. La première était, en elle-même, valable jusqu'au moment où la seconde fut dressée ; dès ce moment le vice de la conception de l'enfant se fait jour et entache les deux actes. Laurent, nous l'avons vu en étudiant la double reconnaissance d'un enfant adultérin par actes distincts, avait déjà adopté ce système que nous dûmes repousser parce que la reconnaissance faite par l'auteur marié était nulle d'elle-même et qu'on pouvait ainsi facilement l'écarter : ici, au contraire, sa théorie garde toute sa force, puisque c'est la corrélation des deux actes qui fait jaillir le vice d'inceste qui les infecte. Pour établir une différence entre l'une et l'autre reconnaissances, il est nécessaire de les comparer et de ce rapprochement découle la nullité des deux.

Nous venons ainsi de voir que la loi prohibe toute reconnaissance volontaire constatant une filiation incestueuse ou adultérine. En admettant qu'une pareille reconnaissance ait été reçue, quels effets va-t-elle produire ?

Cette question sort du cadre de notre étude, bornons-nous à mentionner la solution admise par la majorité des auteurs : une pareille reconnaissance, étant légalement impossible, ne saurait nuire à l'enfant pas plus que lui profiter ([1]).

§ II. De la reconnaissance judiciaire ou forcée.

L'étude de la reconnaissance volontaire se rattache trop étroitement à notre matière pour que nous ne lui consacrions pas les développements qu'elle mérite : elle met, en effet, en jeu la volonté du père et de la mère qui a son rôle dans la légitimation des enfants incestueux ou adultérins.

Avec la reconnaissance judiciaire ou forcée, c'est l'offensive de l'enfant contre ses auteurs que l'on envisage, c'est aussi l'intervention des tiers sous la forme d'actions en contestation d'état, mais ce sont là pour nous sources de discussions d'un intérêt secondaire.

Bornons-nous à dégager quelques principes.

La recherche de la paternité incestueuse ou adultérine est formellement interdite et ne peut avoir lieu tant au profit de l'enfant que contre lui; la prohibition est d'ordre public ([2]).

La recherche de la maternité est elle-même prohibée chaque fois qu'elle aura pour effet de conduire à la constatation d'une filiation incestueuse ou adultérine (art. 342 C. civ.).

Si nous passons à l'application de ces principes, la difficulté naîtra lorsqu'il faudra déterminer les cas dans lesquels il n'y aura pas de doute sur le caractère incestueux ou adultérin de la filiation qui sera l'objet d'un débat judiciaire.

C'est là une question d'espèces dans lesquelles nous ne pouvons entrer. Signalons simplement qu'il n'y a pas de

([1]) Baudry-Lacantinerie et Chéneaux, *Des pers.*, IV, n. 634, p. 599.
([2]) Aix, 5 janv. 1882, D., 82. 2. 131.

recherche de maternité adultérine dans le fait du mari ou de ses héritiers d'intenter une action en désaveu, puisque le droit d'exclure un enfant de la famille légitime est puisé dans la loi et qu'admettre dans ce cas l'application de l'article 342 du Code civil aurait été détruire l'article 325 (¹).

Ainsi, par sa naissance, l'enfant incestueux ou adultérin restera selon le vœu de la loi sans filiation légale et étranger à ses père et mère.

Nous allons, dans le chapitre suivant, rencontrer pourtant des cas où elle sera indirectement établie.

(¹) Cass., 11 avril 1854, D., 54. 1. 92.

CHAPITRE III

Des cas exceptionnels dans lesquels la filiation incestueuse ou adultérine est indirectement établie.

Bien que la volonté du législateur d'empêcher des révélations scandaleuses ait eu pour sanction de prohiber la preuve légale de la filiation incestueuse ou adultérine, celle-ci va cependant nous apparaître comme une conséquence des faits établis indépendamment de la volonté des parents ou de l'enfant à la suite des constatations faites par des décisions de justice passées en force de chose jugée.

1° Le cas le plus fréquent est celui du désaveu : l'enfant né d'une femme mariée après le 300° jour du mariage et désavoué par le mari (ou les héritiers du mari) de cette dernière sera légalement adultérin.

Source normale de la filiation adultérine, le désaveu est une action purement personnelle chez le mari et revêt aux mains des héritiers un caractère pécuniaire : c'est par le mari ou ses héritiers qu'elle peut seulement être intentée; une déclaration de la mère serait inefficace à renverser la présomption de paternité de l'époux et l'enfant lui-même ne serait pas recevable à renier pour père celui-ci (¹).

Dirigée contre l'enfant assisté d'un tuteur *ad hoc* et en présence de la mère, l'action en désaveu doit être intentée dans des délais très brefs : dans le mois ou dans les deux

(¹) C., 28 juin 1815, S., 15. 1. 329.

mois suivant que le mari est présent ou absent, dans les deux mois après la découverte de la fraude si on lui a caché la naissance de l'enfant (art. 316 C. civ.). Si le mari meurt avant d'avoir fait sa réclamation mais étant encore dans les délais pour agir, les héritiers ont deux mois pour contester la légitimité de l'enfant « à compter de l'époque où cet enfant se serait mis en possession des biens du mari ou de l'époque où les héritiers seraient troublés par l'enfant dans cette possession » (art. 317 C. civ.). Le mari (comme les héritiers) peut, au moyen d'un acte extra-judiciaire (art. 316), prolonger ce délai d'un mois.

La loi a établi deux variétés de désaveu qui rendent la réussite de l'action plus ou moins difficile suivant que les circonstances entourant la conception de l'enfant ébranlent plus ou moins la présomption attachée à la maxime *Pater is est quem nuptiæ demonstrant.*

A. Si l'enfant est conçu durant le cours d'un mariage dont les liens ne sont nullement relâchés, le mari est contraint d'établir à l'appui de sa demande certains faits étroitement déterminés. Ce n'est qu'au cas de recel par la mère de la naissance de l'enfant que le Code se fait moins rigoureux.

a) La naissance de l'enfant n'a pas été cachée au mari : dans ce cas celui-ci ne peut invoquer, aux termes de l'article 312, que l'impossibilité physique de cohabitation qui peut résulter soit de l'impuissance accidentelle du mari, soit de son éloignement ([1]).

b) La naissance de l'enfant a été cachée au mari : la loi, se faisant alors moins sévère, admet celui-ci à démontrer tous les faits propres à établir sa non-paternité.

B. L'enfant est conçu pendant une séparation légale des

([1]) Locré, VI, p. 290.

époux. C'est le désaveu prévu par l'alinéa 2 de l'article 313, dû à la loi du 6 décembre 1850 successivement modifiée par l'article 2 de la loi du 27 juillet 1884 et l'article 3 de la loi du 18 avril 1886. Aux termes de la loi, le devoir de cohabitation cesse entre époux engagés dans un procès en divorce ou en séparation de corps à partir du jour où l'époux demandeur reçoit par ordonnance du juge l'autorisation d'avoir un domicile séparé. En conséquence, dès ce jour et tant que le rejet de la demande ou la réconciliation des époux n'est pas survenu, le mari a le droit de désavouer tout enfant conçu par sa femme. Le désaveu est ici péremptoire en ce sens que le mari triomphe par cela seul que la conception de l'enfant se place pendant le cours de la séparation légale.

Cette cause de désaveu doit-elle être encore admise de nos jours ? Cette question importante sera résolue en étudiant la loi du 7 novembre 1907 ; contentons-nons de signaler pour le moment que si l'on admet sa suppression tacite à la suite du vote du nouvel article 331, la situation de l'enfant ne change en rien, car au lieu de faire l'objet d'un désaveu péremptoire, il sera, avec la loi récente, désavoué de plein droit si sa conception se place pendant la période suspecte.

Le jugement rendu sur l'action en désaveu aboutit à la constatation légale de la filiation adultérine vis-à-vis de la mère.

Devenant étranger au mari de celle-ci, l'enfant n'aura pas de père légalement connu.

Le caractère de cette décision est d'être investi d'une autorité absolue et d'établir à l'égard de tous la filiation de l'enfant désavoué. La loi a, en effet, déterminé limitativement les personnes qui, dans le procès, doivent jouer le rôle soit de demandeur, soit de défendeur. Nul autre n'ayant le droit de prendre part aux débats, ce qui est jugé entre elles, est jugé pour tous les intéressés. Aussi, prévoyant que les héritiers du mari ont, à défaut de celui-ci, le droit d'agir contre l'enfant, il s'ensuit que si certains d'entre eux sont demeurés étrangers aux débats, ils ne pourront pas opposer à l'enfant son caractère adultérin, car, à leur égard, il est considéré comme légitime ([1]).

II. Un enfant prouve par témoins sa filiation maternelle relativement à une femme mariée. Le mari de celle-ci pourra prouver à son tour, aux termes de l'article 325, que cet enfant n'est pas le sien bien qu'il soit celui de son épouse.

Cette hypothèse a trait à l'action en réclamation d'état formée par un enfant qui n'a ni acte de naissance ni possession d'état permettant d'y suppléer. On peut même supposer qu'il réclame une filiation contredite par une possession d'état contraire, car son action ne serait paralysée que si son titre était conforme à sa possession d'état et nous supposons qu'il n'en a pas. Cette hypothèse se rapporte encore au cas d'un enfant inscrit sous de faux noms ou comme né de parents inconnus qui agit en contestation d'état et recourt à la preuve testimoniale.

Distinguons le cas où le mari n'aura pas été partie à l'instance de celui où il aura été mis en cause.

Le premier cas sera très rare car le mari se désintéressera difficilement d'un procès qui porte atteinte à sa considération. L'enfant lui-même ne laissera pas de côté le mari de la femme qu'il veut s'attribuer pour mère. En admettant, cependant, que l'enfant ait établi sa filiation maternelle : reconnu fils d'une femme mariée, il est censé avoir été conçu pendant le mariage ; quel effet ce jugement aura-t-il vis-à-vis du mari ?

([1]) Nous n'avons pas mentionné le cas de désaveu de l'article 314, qui vise l'enfant né avant le 180ᵉ jour qui a suivi la célébration du mariage, puisque lorsque cet enfant est désavoué il n'est jamais que naturel simple.

La doctrine et la jurisprudence sont unanimes à décider, conformément à l'article 1351, que ce jugement ne saurait être opposé au mari en tant « qu'on voudrait faire découler contre lui une présomption de paternité ». Dans cette première hypothèse, la filiation adultérine ne ressort donc pas. Si, au contraire, l'on suppose le mari appelé en cause, deux solutions peuvent intervenir : ou le mari n'élève aucune protestation et l'enfant sera légitime, où il réussit par tous moyens de preuve à établir sa non-paternité : l'enfant sera alors adultérin.

Certains auteurs, s'appuyant sur les dispositions de l'article **342**, repoussent la théorie de la jurisprudence (¹) qui permet au mari ou à ses héritiers de rejeter d'avance la présomption de paternité qui découlerait de la preuve faite par l'enfant de sa filiation maternelle en annonçant qu'il n'est pas le père de l'enfant né de sa femme. C'est, au dire de M. Planiol, faciliter de façon trop évidente une recherche de filiation adultérine. Ces auteurs estiment donc, malgré des décisions rendues à l'encontre de leur opinion, que le mari doit garder dans l'instance un rôle passif et se borner à faire toutes réserves relativement à ses droits.

Quoi qu'il en soit, d'un avis unanime, l'article 325 du Code civil reçoit son entière application chaque fois que la preuve de la maternité ayant été apportée par le réclamant, le mari établira de son côté qu'il n'est pas le père. L'action en contestation de légitimité du mari ou de ses héritiers donnera alors, comme l'action en désaveu, la preuve légale de la filiation adultérine vis-à-vis de la mère.

III. L'enfant né d'un mariage contracté de mauvaise foi

______

(¹) Cass., 14 février 1854, S., 54. 1. 225 ; 9 mai 1864, S., 64. 1. 305, D., 64. 1. 409.

par les deux époux et annulé pour bigamie sera légalement adultérin.

IV. L'enfant né d'un mariage contracté de mauvaise foi par les deux époux et annulé comme ayant été contracté entre parents ou alliés au degré où le mariage est prohibé sera légalement incestueux.

Un mariage ainsi contracté de mauvaise foi au mépris d'une première union non dissoute ou malgré un empêchement de parenté ou d'alliance est nul de nullité absolue et est censé n'avoir jamais existé ni relativement aux époux ni relativement aux enfants.

La décision judiciaire qui prononce la nullité démontrera le caractère adultérin ou incestueux de l'enfant issu de telles unions.

V. La filiation incestueuse ou adultérine peut enfin résulter d'un jugement passé en force de chose jugée qui, par une erreur de fait ou de droit, aura admis la preuve d'une telle filiation ou l'aura tenue pour constante. Ce fut le cas pour un jugement ayant autorisé la preuve d'une filiation naturelle. On découvrit plus tard que lors de la conception de l'enfant le père était marié (¹).

(¹) Cass., 12 décembre 1854, S., 55. 1. 593.

CHAPITRE IV

De la légitimation des enfants incestueux ou adultérins.

La légitimation, ce bienfait de la loi aussi efficace que commode, qui « pousse les faux ménages à se transformer en familles légitimes en leur offrant comme cadeau de noces la légitimité de leurs enfants » (¹), a été, dans un but de moralité et de pudeur sociale, impitoyablement refusée à la filiation incestueuse ou adultérine.

Seul l'enfant conçu hors mariage de personnes libres bénéficie de cette sorte de réhabilitation ; il est élevé au rang d'enfant légitime sans manifestation spéciale, par le seul mariage des père et mère contracté soit avant, soit après sa naissance, à la condition cependant qu'il soit reconnu par ses deux auteurs antérieurement au mariage ou au plus tard dans l'acte de célébration. Cette dernière règle s'applique uniquement, on le voit, aux enfants nés au moment où leurs auteurs contractent leur union.

Telle est la portée de l'article 331 du Code civil aujourd'hui modifié, dont il nous faut reproduire les termes :

« Les enfants nés hors mariage, autres que ceux nés d'un commerce incestueux ou adultérin, pourront être légitimés par le mariage subséquent de leurs père et mère, lorsque ceux-ci les auront légalement reconnus avant leur mariage ou qu'ils les reconnaîtront dans l'acte même de célébration ».

(¹) Planiol, *Précis de droit civil*, I, éd. 1908, n. 1551, p. 504.

Ainsi, d'après l'ancien article 331 du Code civil, tous les enfants naturels simples, sans exception, pouvaient être légitimés malgré l'opinion de ceux qui, suivant à la lettre les formules du droit romain et de l'ancien droit, prétendaient que la légitimation était seulement accessible aux enfants dont les père et mère pouvaient contracter mariage au moment de la conception. Seuls les enfants incestueux ou adultérins étaient exceptés de cette règle : c'est formel.

Ne considérait-on pas, tout au moins, afin de mettre l'enfant à l'abri des fatales conséquences de l'inceste ou de l'adultère, la bonne foi des parents? Ses auteurs étaient ignorants du lien de parenté qui les attachait, l'auteur libre ne savait pas que l'autre auteur était marié. N'y a-t-il pas lieu, dans de tels cas, sans avoir à redouter dangers ou scandales, de soustraire cet enfant aux conséquences d'une faute que ses père et mère n'ont pas connue?

Cette grave question sur les effets du mariage putatif est appelée depuis la loi du 7 novembre 1907 à ne plus offrir grand intérêt, car, sur ce point, la nouvelle législation lie dans des dispositions communes le sort de tous les enfants naturels sans distinction.

Il nous faut cependant rappeler les controverses qu'elle a fait naître avant d'adopter le régime qui désormais s'impose.

La majorité de la doctrine s'était refusée jusqu'ici à donner à l'union ainsi contractée les effets d'un mariage putatif malgré la généralité des termes des articles 201 et 202 du Code civil qui nous aurait permis de les appliquer à notre matière. Qu'un des auteurs de l'enfant ou même tous deux eussent été de bonne foi, il n'en restait pas moins que leur commerce avait été entaché d'inceste ou d'adultère et le texte formel de l'ancien article 331 défendait de les légitimer. On n'avait même pas voulu excepter le cas où l'erreur de l'homme ou de la femme était basée sur des actes émanés de l'autorité publique. Pothier fut cependant d'un avis contraire ([1]), et les divers auteurs qui ont traité de l'adultère ont contesté, par exemple, la culpabilité d'une femme qui, se croyant veuve sur la foi d'un procès-verbal affirmant le décès de son mari, s'était remariée ; ce qui fait l'adultère, c'est l'intention, la logique et la morale s'opposent à ce qu'on dénature cette faute en y ajoutant une intention qu'elle ne contient pas; l'enfant devra donc être légitimé.

Demolombe ([2]) se montra hésitant devant un pareil raisonnement : « Il serait téméraire, dit il, de vouloir se montrer plus scrupuleux que Pothier ; et cette opinion indulgente réussirait très vraisemblablement dans la pratique. J'avoue toutefois que j'aurais mieux aimé laisser au désordre de la femme toute la responsabilité de ses conséquences. Je vois bien, dans les lois, des articles qui excusent la bonne foi dans le mariage (art. 201, 202); mais il n'y en a aucun qui accorde une telle faveur à l'inconduite. Cette femme, après tout, a commis une faute, et il me semble difficile de l'admettre à venir dire qu'elle n'en a pas bien apprécié le caractère et mesuré les conséquences possibles. Refuserait-on au mari, de retour, le droit de demander contre elle la séparation de corps? Il le faudrait, dans l'opinion d'après laquelle l'absence d'intention fait qu'il n'y a ni adultère ni injure grave. Mais un tel résultat ne serait-il pas très fâcheux? Et ne vaudrait-il pas mieux dire, avec M. A. Dalloz, que cette femme est coupable, sauf à trouver dans les circonstances du fait des motifs d'indulgence » ?

Cette absence de faute aurait dû encore faire admettre

____

([1]) Pothier, *Des successions,* ch. I, sect. II, § 5, quest. 1.

([2]) Demolombe, V, n. 350. — Cpr. Dalloz, *J. G.,* v° *Célébration de mariage,* 458-459.

l'opinion de Pothier, au cas où une femme mariée victime d'un enlèvement met au monde un enfant qui est plus tard désavoué par le père : même aujourd'hui, cette solution serait repoussée malgré l'opinion de Bedel qui prétend que cet enfant sera légitime. Si la loi, d'après lui, frappe plus sévèrement certains enfants naturels, c'est pour punir dans leur personne la faute des parents et prévenir des désordres semblables. Or, ici, la conduite de la mère est irréprochable ; sévir contre elle serait cruel ; par analogie à ce qui se passe dans un mariage putatif, l'enfant bénéficiera de la légitimité. Le tribun Duveyrier ne pensait pas autrement lorsqu'il disait au Corps législatif : « Il n'y a point de mariage, il n'y a point de cohabitation publique, mais il y a cohabitation forcée ; la violence de l'un, l'oppression de l'autre suppléent au consentement authentique et mutuel ».

Contre cette thèse subsiste de nos jours une objection capitale : si l'on maintient cette idée de légitimation comme une déduction de mariage putatif, l'enfant issu du commerce d'un homme libre avec une femme libre, enlevée par lui, devrait être considéré comme légitime à l'égard de ses deux auteurs ; l'article 340 du Code civil indique nettement qu'à l'égard de son père l'enfant est naturel. En revenant alors à l'hypothèse où la victime de l'enlèvement est une femme mariée, il nous est impossible de ne pas voir dans l'enfant issu des œuvres du ravisseur un enfant dont la conception est entachée d'adultère. « La recherche de la paternité adultérine est absolument interdite, même dans le cas d'enlèvement, et dès lors, le véritable père de l'enfant né d'une femme mariée, même dans le cas d'enlèvement, n'est pas légalement connu ; qu'est-ce à dire ? qu'il est l'enfant de la femme sans être celui du mari, donc il est adultérin ».

Dans toutes ces circonstances, par conséquent, et d'une

manière générale, la doctrine n'a pas voulu étendre les effets
du mariage putatif aux enfants incestueux ou adultérins.
Seul, M. Planiol ([1]) s'était élevé contre une telle conception.
On admet avec trop de facilité, d'après lui, qu'un mariage
putatif ne saurait avoir plus d'effets qu'un mariage valable
qui ne peut légitimer ces deux catégories d'enfants. « Cependant, dit-il, l'idée même du mariage putatif consiste précisément à supprimer par une fiction le vice qui a empêché la
formation d'un mariage valable. Si l'on efface cet empêchement pour laisser se produire les effets normaux du mariage,
pourquoi en tiendrait-on compte pour écarter la légitimation
des enfants ? La bonne foi de leurs parents efface le vice de
leur origine et ils doivent obtenir le bénéfice de la légitimité
tout aussi bien que ceux qui sont nés après le mariage et qui
sont, tout autant qu'eux, incestueux ou adultérins ».

Cette théorie n'avait pas, jusqu'à l'an dernier, rallié de
nombreux suffrages. L'objection qui la détruisait était celle-là
même que M. Planiol ne trouvait pas raisonnable : un mariage
valable, prétendait-on, ne légitimerait pas des enfants incestueux ou adultérins ; un mariage putatif ne saurait, à plus
forte raison, leur apporter ce bénéfice. Depuis la loi du
7 novembre 1907, la légitimation devenant accessible à ces
bâtards, la controverse qui s'ouvre à leur sujet est celle qui
est née pour les enfants naturels simples ; disons de suite que
le mariage putatif les relèvera de toutes leurs déchéances.

Vainement une partie importante de la doctrine a voulu
voir dans l'article 201 la possibilité de ne légitimer que les
enfants « issus du mariage », c'est-à-dire la nécessité d'exclure
ceux qui sont nés d'un commerce antérieur. Le Code aurait
en cela suivi la solution du droit canon, qui n'accordait la

([1]) Planiol, I, n. 1109, p. 368.

légitimation qu'aux seuls enfants conçus depuis le mariage, solution consolidée par un arrêt célèbre du 15 mars 1674, rendu au sujet d'une femme dont le mari était revenu après quarante ans d'absence et par l'opinion de Pothier, qui a donné les motifs de cette thèse restrictive.

Cette interprétation tombe, nous indique M. Baudry-Lacantinerie (¹), lorsqu'on considère les deux hypothèses différentes prévues par les articles 201 et 202. L'article 201 du Code civil vise dans leur ensemble les effets civils du mariage putatif; l'article 202, au contraire, ne traite ces effets que d'une manière incidente pour refuser à l'époux de mauvaise foi tout moyen de les invoquer. Ce qu'on doit retenir de la disposition générale de l'article 201, c'est que les effets civils du mariage putatif se produisent « tant à l'égard des époux qu'à l'égard des enfants », confondant ainsi, dans d'égales concessions, tous les enfants sans distinction, quelle que soit l'époque de leur naissance. D'ailleurs une semblable union a le plus souvent pour but la légitimation des enfants et il ne serait pas logique de soutenir qu'elle ne peut donner le résultat que les père et mère avaient spécialement en vue.

Ainsi les enfants incestueux ou adultérins profiteront désormais comme les enfants naturels simples du traitement de faveur qui est le résultat du mariage putatif. Il y a lieu toutefois d'observer qu'étendue à tous les enfants incestueux, son application se restreint aux seuls enfants adultérins auxquels la loi du 7 novembre 1907 a accordé la possibilité d'être légitimés.

Ce problème dès lors tranché, nous allons examiner la portée de l'ancien article 331 du Code civil. La clarté de notre exposé et la critique touchant tout au moins l'applica-

____

(¹) Baudry-Lacantinerie, I, n. 463, p. 260.

tion de ce texte aux enfants incestueux, nous imposent l'obligation d'étudier d'abord la filiation incestueuse, qui nous retiendra assez longtemps, pour passer plus rapidement sur la filiation adultérine.

Nous terminerons ce chapitre en élucidant la question suivante : un enfant né avant le 180ᵉ jour du mariage d'un commerce incestueux ou adultérin sera-t-il légitime par le seul fait de sa naissance pendant le mariage, ou faudra-t-il le déclarer incestueux ou adultérin avec toutes les incapacités et les déchéances qui s'attachent à un tel titre?

§ I. Légitimation des enfants incestueux.

Les enfants nés hors mariage de deux personnes qui pour cause de parenté ou d'alliance ne pouvaient se marier qu'en vertu de dispenses, étaient-ils légitimés, sous le régime de l'article 331, par le mariage subséquent de leurs père et mère contracté avec dispense ?

Cette question ne se posait sous le Code de 1804 que pour les enfants de l'oncle et de la nièce, de la tante et du neveu, mais depuis la loi du 16 avril 1832, elle concernait les enfants issus de beaux-frères et de belles-sœurs (art. 163, 164 C. civ.); résolue affirmativement par la jurisprudence dans des décisions dont nous aurons à examiner l'esprit, elle a pendant longtemps motivé les plus vives discussions, qui, pour être closes, présentent encore un intérêt rétrospectif.

Deux courants opposés se sont formés, comptant l'un et l'autre des partisans aussi convaincus : l'un est favorable à la légitimation, l'opinion adverse en rejette la possibilité.

Les partisans de la légitimation se sont appuyés sur des motifs d'ordre historique.

D'après eux, il n'est pas douteux que le droit civil ait emprunté la légitimation à la législation canonique et l'autorité du droit canon a prévalu dans cette matière ; il suffit, alors, de prendre le sens certain attaché par l'Eglise à ses dispositions.

« La légitimation a lieu, dans ce cas, par le double effet rétroactif, d'abord des dispenses qui mettent les père et mère de l'enfant au même état que si jamais l'empêchement du mariage n'eût existé entre eux ; et ensuite du mariage lui-même, qui est réputé avoir été déjà dans leur vœu, dans leur projet, au moment où par anticipation ils ont cédé à l'entraînement de leur passion » ([1]). Notre Code n'a donc fait que reprendre les système de dispenses en y attachant les mêmes conséquences et les mêmes effets.

Et ce qui raffermit les défenseurs de cette théorie dans leur opinion, c'est l'examen des travaux préparatoires du Code civil : il fournit la preuve d'une modification personnelle à Bigot-Préameneu, qui, d'un coup de plume, a confondu dans d'égales rigueurs les enfants incestueux et les enfants adultérins alors que le projet de l'article 331 n'avait pas ce sens. Sa rédaction primitive portait en effet ([2]) : « Les enfants nés hors mariage d'un père et d'une mère libres pourront être légitimés ». Ce texte excluant seulement les enfants adultérins fut d'abord adopté et ce n'est que le projet de l'article 335, permettant la reconnaissance « d'enfants nés d'un commerce libre », qui motiva les observations de la section de législation du Tribunat. On exprima le vœu que la loi prohibât expressément la reconnaissance des enfants incestueux qu'elle semblait tolérer, on voulut n'autoriser la reconnaissance que pour les enfants « nés de personnes auxquelles il était libre de s'unir par le mariage », ce qui devait amener un changement de rédaction.

([1]) Demolombe, V, n. 352.
([2]) Fenet, X, p. 45.

Bigot-Préameneu fut chargé d'élaborer le projet définitif ; il introduisit de son propre mouvement la modification demandée, d'abord dans l'article 335, ce qui devait se faire, ensuite dans l'article 331, ce que nul ne réclamait : l'attention du législateur se portant uniquement sur le premier de ces textes, la rédaction de l'autre resta dans l'ombre et le tout passa sans discussion (¹). Voté par surprise, l'article 331 ne saurait donc garder, aux yeux des partisans de la légitimation, l'importance qui lui fut donnée.

D'ailleurs, laisserait-on à l'article 331 toute sa portée, qu'il ne pourrait pas recevoir application dans le problème qui nous occupe. Nos lois, en effet, n'ont nulle part défini l'inceste, le Code n'a pas fait allusion à l'inceste de la loi romaine : *Nefaria viri ac feminæ commixtio inferens contumeliam sanguinis vel affinitatis,* pas plus qu'il ne s'est rapproché de la définition du droit canonique : « Conjonction illicite entre ceux qui sont parents ou alliés au degré prohibé pour le mariage » ; le Code est muet et nous ne savons pas s'il envisage l'inceste du droit des gens existant entre parents en ligne directe et entre frère et sœur, pour qui le mariage est toujours prohibé, ou l'inceste de pur droit civil dont peuvent se rendre coupables les personnes entre lesquelles existe un empêchement de mariage susceptible d'être levé par une dispense du gouvernement. Que le premier aille à l'encontre de toute loi morale, qu'il jette le trouble dans la famille, menace d'abâtardir la race et de couvrir sous un même toit une immoralité révoltante, que ce soit là le véritable inceste : oui. Mais considérer comme inceste la faute qui peut varier avec les temps comme avec les législations et disparaître s'il plaît au législateur de l'effacer : non.

(¹) Fenet, X, p. 42-43, 145-148.

Montesquieu n'a-t-il pas dit : « Le mariage n'est pas défendu entre beau-frère et belle-sœur pour conserver la pudicité dans la maison et la loi qui le défend ou le permet n'est point la loi de la nature, mais une loi civile qui se règle sur les circonstances et dépend des usages de chaque pays ». Et Malleville, dans ses observations sur l'article 331, s'est fait une conception exacte de l'inceste en affirmant « que les enfants n'étaient pas incestueux lorsque leur père et mère n'étaient parents qu'à un degré auquel on pouvait obtenir des dispenses qui ont été, en effet, accordées pour les marier ensuite ». Cette conception a inspiré le texte primitif et nous en trouvons la confirmation dans la bouche même de Duveyrier : « L'inceste religieux étant désormais étranger à la loi civile, ce dernier genre devient presque insensible si l'on observe surtout qu'il n'y aura point inceste civil, même dans les degrés prohibés auxquels le gouvernement peut appliquer la dispense » ; elle se retrouve encore dans les paroles prononcées par l'un des législateurs de 1832, M. Dupin, à la séance du 3 mars 1838 : « Ou vous accorderez la dispense ou vous la refuserez, mais si vous l'accordez, je vous déclare qu'une fois cette autorisation accordée, la légitimation suivra le mariage par la force même des choses et des effets comme des grâces qui y sont attachées. Pour qu'il en fût autrement, il aurait fallu que la loi dît, restreignant les effets du mariage, ce qu'elle n'a dit pour aucun autre cas, que le mariage aurait lieu mais que la légitimation des enfants n'en serait point la conséquence ».

Malgré l'appoint ainsi apporté à l'opinion favorable à la légitimation des enfants incestueux, malgré les raisons d'ordre moral qui nous feront plus tard approuver non pas le sens juridique mais la portée pratique des décisions de justice, il n'en est pas moins vrai que nous ne pouvons prêter à l'article **331** la signification qu'il n'a pas : le législateur de 1804 a prohibé la légitimation des enfants incestueux.

Le Code civil s'est montré plus sévère sur les conditions de la légitimation que ne l'était l'ancien droit. Autrefois, en effet, la légitimation était la conséquence nécessaire du mariage ; sous le Code, elle devient un bienfait de la loi : les enfants naturels pour être légitimés doivent être reconnus par acte authentique ou dans l'acte même de célébration de leur père et mère ; c'est là une innovation qui rend impossible la légitimation des enfants incestueux puisque la reconnaissance de ces enfants, de l'aveu même des partisans de la légitimation, tombe d'elle-même.

Qu'on ne reproche pas au rédacteur de l'article **331** d'avoir imposé une opinion personnelle et isolée ; Bigot-Préamencu devait mettre en harmonie l'article **331** et l'article **335** puisque l'article **331** apparaissait comme la conclusion de l'article **335**. D'ailleurs l'opinion était faite : « Si l'intérêt de mœurs » a-t-il dit au Corps législatif « a fait admettre la légitimation par mariage subséquent, ce même intérêt s'oppose à ce qu'elle ait lieu si les enfants ne sont pas nés de père et mère libres. Les fruits de l'adultère et de l'inceste ne sauraient être ensuite assimilés à ceux d'un hymen légitime » (¹).

L'article **331** reflète exactement l'idée du législateur, mais, bien qu'exagéré, le raisonnement de Marcadé avait un fond de vérité lorsqu'il a écrit que cette solution ne dérive que trop du texte de l'article **331**, mais que si un arrêt admettait la légitimation, il ne pourrait probablement pas être cassé, car il aurait appliqué l'esprit de la loi ; et si, au contraire, il rejetait la légitimation, il serait sûrement maintenu comme rendu en conformité des termes du Code.

(¹) Locré, VI, p. 207.

La Cour de cassation a été plus catégorique. Dans la même audience du **22** janvier **1867**, elle rejetait un pourvoi formé contre un arrêt admettant la légitimation et cassait un arrêt de Colmar qui l'avait refusée.

Le premier président Troplong étaya cette décision sur les motifs suivants :

« Qu'en déclarant que les enfants adultérins et incestueux ne peuvent être légitimés par le mariage subséquent de leurs père et mère, l'article **331** a posé un principe de haute moralité, mais qu'il ne faut pas en exagérer les conséquences; qu'on ne peut admettre que quand les dispenses ont été accordées, le législateur ait voulu réhabiliter les auteurs de la faute, sans effacer la tache qui en est résultée pour ceux qui leur doivent l'existence, et introduire dans la nouvelle famille des causes incessantes de division, en accordant les avantages de la légitimité aux enfants nés depuis le mariage et en ne laissant à ceux qui sont nés antérieurement que la flétrissure et les incapacités de recevoir qui dérivent d'une origine incestueuse ».

Ainsi l'opinion de la Cour suprême, adoptée depuis l'arrêt ci-dessus rapporté par toutes les cours d'appel ([1]), aboutit à supprimer dans l'article **331** le mot « incestueux », puisque

---

([1]) Parmi les arrêts : 1º Beaux-frères et belles-sœurs : Grenoble, 8 mars 1838, S., 38. 2. 145. — Trib. civ. Prades, 5 mai 1847, D., 47. 3. 190. — Paris, 14 juin 1858, D., 58. 2. 151. — Amiens, 14 janv. 1864, D., 64. 2. 121. — Les trois arrêts de la Cour de cassation du 22 janv. 1867, D., 67. 1. 5, S., 67. 1. 49, note de Moreau. — Paris, 20 juill. 1867, D., 67. 2. 105, S., 67. 2. 312. — Rennes, 17 juin 1879, D., 80. 2. 5.

2º En ce qui concerne les enfants d'oncle et nièce : Paris, 14 juin 1858, D., 58. 2. 151. — Douai, 29 mars 1873, D., 73. 2. 173, et sur pourvoi, Cass., 27 janv. 1874, D., 74. 1. 216, S., 74. 1. 108. — En ce sens, Richefort, *De l'état des familles*, II, 225; Allemand, *Tr. du mariage et de ses effets*, II, 651, 654; Toullier, II, n. 932 et 933, p. 261; Loiseau, p. 262; Paul Pont, *Revue de législation*, 1838, VIII, p. 150 et s.

la légitimation par mariage subséquent ne devient impossible que lorsque le mariage lui-même est impossible.

Consacrer un tel système, c'est prêter au législateur, comme l'ont fait remarquer MM. Baudry-Lacantinerie et Chéneaux, « une naïveté, pour ne pas dire une niaiserie ». Pour donner un sens à la disposition de l'article 331, il faut évidemment admettre qu'elle vise précisément les enfants incestueux dont les parents peuvent contracter mariage avec dispense. Il ne saurait, en effet, être question de légitimation par mariage subséquent de parents entre lesquels toute union est prohibée. La Cour de cassation a donc véritablement refait la loi et l'opposition entre le sens de l'article 331 et l'interprétation donnée à son texte parut si violente que, le 6 mai 1872 (¹), une proposition de loi était déposée, tendant à modifier cet article « pour le mettre d'accord avec la jurisprudence ».

Cette proposition a été repoussée par ce seul motif qu'elle était inutile, « attendu que la question était définitivement tranchée par la jurisprudence ».

Un projet de loi déposé le 2 février 1897 (²), ayant le même but, fut rejeté à l'aide des mêmes arguments.

Cette méthode dangereuse permettant aux juges de réformer la loi triompha ainsi par deux fois et fut reprise avec satisfaction par le législateur de 1907.

§ II. Légitimation des enfants adultérins.

La doctrine comme la jurisprudence refusent d'accorder aux enfants adultérins le bénéfice de la légitimation. Cette prohibition les atteint tous sans qu'il y ait lieu de faire une

---

(¹) *J. off.* du 7 mai 1872 et Annexe 1111 du 22 mai.

(²) Rapport de M. de Folleville, séance du 7 déc. 1897, *J. off.*, Chambres, Ann. P. 267.

distinction entre ceux qui n'ont pas cette qualité au regard
de la loi et ceux dont la preuve légale de la filiation est indirectement acquise : tandis que ces derniers tombent sous le
coup de l'article 331, l'article 335 prohibe la légitimation des
premiers. Ceux-ci ne peuvent en effet être reconnus et la
reconnaissance est une des conditions essentielles de la légitimation.

§ III. Etat de l'enfant né avant le 180ᵉ jour du mariage.

Nous avons étudié jusqu'ici le cas de l'enfant issu de relations incestueuses ou adultérines antérieurement au mariage
de ses auteurs. On peut supposer des espèces où, conçu avant
l'union de ses père et mère, l'enfant naîtra au cours du
mariage.

S'il naît légitime, seule l'action en désaveu pourra l'exclure
de la famille ; si l'on considère, au contraire, qu'il n'est légitime que grâce à la légitimation que lui procure le mariage
de ses parents, chaque fois que le vice de sa conception
mettra obstacle à la légitimation, la filiation incestueuse ou
adultérine de cet enfant apparaîtra à la suite de toute action
en contestation de légitimité qui sera intentée contre lui.

Cette question, sur laquelle la doctrine fut divisée, perd
aujourd'hui son intérêt par suite du vote de la loi du
7 novembre 1907 : il paraît cependant utile d'en exposer les
grandes lignes et les solutions entrevues avant d'abandonner
l'examen de la légitimation des enfants incestueux ou adultérins sous le régime du Code civil.

Avec la majorité des auteurs (¹), nous pensons que si la

______

(¹) Duranton, III, n. 20 s. ; Zachariæ, I, § 161, VI, n. 6 ; Marcadé, sur l'art. 314 ;
Valette sur Proudhon, II, p. 23 ; Demante, II, n. 37 *bis*, Baudry-Lacantinerie et
Chéneaux, *Des personnes*, IV, n. 519 et s., p. 442.

loi répute légitime l'enfant conçu antérieurement à la célébration du mariage, c'est par une *fiction de légitimation*.

Bien qu'aucune disposition expresse du Code ne nous renseigne sur ce point, cela résulte des dispositions légales qui régissent la matière de la filiation. De même que l'enfant né avant l'union de ses parents peut être légitimé par leur mariage subséquent, de même l'enfant conçu avant le 180° jour du mariage naît légitime par l'effet de l'union postérieure de ses auteurs qui lui confère la légitimation. Ce qui distingue toutefois la première légitimation (art. 331) de la seconde (art. 314), c'est que la reconnaissance de l'enfant n'est pas, dans ce dernier cas, exigée par la loi. Il eût été difficile en effet, de demander l'accomplissement d'une telle formalité à une femme qui peut ignorer son état comme le taire à son conjoint. L'enfant sera donc considéré comme légitime s'il n'est pas désavoué par le mari de sa mère. Il ne bénéficiera toutefois de la légitimité que s'il n'y a aucun empêchement à sa légitimation : dès lors si sa conception est entachée d'un vice, il se verra refuser la légitimité. Ce sera le cas lorsque deux personnes parentes ou alliées au degré prohibé auront contracté mariage et que l'enfant sera né moins de 180 jours après sa célébration. La conception de ce dernier étant antérieure au mariage fera qu'issu d'un commerce incestueux sa légitimation sera impossible. Supposons encore qu'un homme veuf depuis trois mois se remarie et que sa femme accouche un mois après la célébration du mariage. Admettre que l'enfant a été conçu des œuvres du mari, c'est lui attribuer une origine adultérine : il ne saurait être légitimé.

Dans l'une et l'autre espèces, l'enfant verra sa filiation maternelle seule certaine : il sera, dès lors, naturel simple parce que la présomption de légitimité venant à disparaître. la présomption de paternité du mari ne subsiste plus.

Il résulte des développements qui précèdent que la légitimité de l'enfant ne dépend plus du seul exercice de l'action en désaveu, mais bien de celui de l'action en contestation de légitimité que tout intéressé pourra intenter puisqu'il ne saurait être question d'exercer le désaveu là où il n'y a plus à renverser une présomption de paternité qui est écartée.

La Cour de cassation n'a pas admis toutes ces conséquences : si elle refuse la légitimité aux enfants adultérins, parce qu'elle voit en eux des enfants dont la légitimation est impossible (permettant au surplus à tout intéressé de se prévaloir de l'adultérinité de l'enfant) (¹), elle regarde comme légitime l'enfant issu de relations incestueuses qui se trouve alors couvert par l'article 314. MM. Aubry et Rau, sans adopter ce système, arrivent à un résultat identique en faisant remonter, pour ces derniers, l'effet des dispenses au jour de la conception. La logique aurait dû imposer à ces auteurs une solution semblable en faveur des enfants nés antérieurement à la célébration du mariage.

En résumé, nous voyons dans l'article 314 une fiction de légitimation dont profite l'enfant né moins de 180 jours après la célébration du mariage.

L'état dernier de la jurisprudence, approuvé par de nombreux auteurs (²), semble se dessiner en sens contraire et admettre que l'enfant est légitimé en vertu d'une *fiction innommée* qui reporte sa conception au jour de la célébration du mariage. Dans ce système, la légitimité de l'enfant s'impose, alors même qu'à l'époque de la conception il serait

---

(¹) Cass. req., 14 fév. 1857, S., 57. 1. 779.

(²) Poitiers, 19 juil. 1875, D., 76. 2. 28, S., 76. 2. 161. — Grenoble, 19 fév. 1868, D., 68. 2. 128, S., 68. 2. 97. — Trib. de Bar-le-Duc, 28 fév. 1862, D., 62. 3. 57 et la note, S., 68. 2. 97 (en note). — Chambéry, 15 juin 1869, S., 70. 2. 214. — Laurent, III, n. 385 : Demolombe, V, n. 60 à 64 ; Valette, *Explic. somm.*, p. 156 ; Arntz, I, n. 516 ; Huc, III, n. 16.

établi que les relations de la mère avec l'homme qu'elle épousa étaient entachées d'inceste ou d'adultère. On ne veut pas, en effet, faire application, au cas qui nous occupe, de l'article 331, car ce texte, visant la légitimation des enfants nés hors mariage, serait inapplicable aux enfants nés dans le mariage. Nous maintenons, cependant, sans reprendre les longs développements qu'entraînerait la réfutation de cette théorie (¹), que l'article 314 comme l'article 331 vise des enfants illégitimes par leur conception : leur légitimité dépend de la légitimation que leur procure l'union de leurs auteurs. La seule différence qui existe entre les enfants nés hors mariage et les enfants nés moins de 180 jours après sa célébration, c'est que la reconnaissance de ces derniers n'est pas nécessaire puisque, d'une part, la maternité est certaine et que, d'autre part, une présomption légale établit une filiation paternelle.

Avec la loi du 7 novembre 1907, l'état de l'enfant né avant le 180ᵉ jour du mariage ne suscitera plus de controverses ; il naîtra légitime sans qu'il y ait à s'arrêter au vice qui aurait pu entacher sa conception ; pour l'enfant incestueux, cette solution ne fait aucun doute, puisque le mariage des parents contracté avec dispense l'eût légitimé si sa naissance avait été antérieure à l'union ; quant à l'enfant adultérin, il résulte des explications fournies par le rapporteur de la Chambre que le législateur de 1907 admettant sa légitimation dans tous les cas où ses auteurs auront la faculté légale de se marier au moment de la naissance, il s'ensuit que tout enfant issu de rapports adultères, qui naît au cours du mariage de ses auteurs, bénéficiera nécessairement de la légitimité.

(¹) Baudry-Lacantinerie et Chéneaux, IV, *Des pers.*, n. 520, p. 448 et s.

Il semble qu'en cela le législateur ait tacitement consacré la théorie de la fiction innommée.

APPENDICE

PROJETS DE LOI TENDANT A L'ACQUISITION, PAR LES ENFANTS INCESTUEUX OU ADULTÉRINS, D'UNE SITUATION MEILLEURE

La situation précaire faite par le Code civil aux enfants incestueux ou adultérins a maintes fois attiré, surtout aux récentes législatures, l'attention bienveillante des membres du Parlement et de nombreux projets sont allés dormir dans les cartons de la Chambre qui auraient mérité, pour le profit de tous, l'attention du législateur de 1907.

Dès 1850, la théorie du Code eut à subir l'assaut des philosophes et des littérateurs; le traitement misérable infligé aux enfants naturels donna matière à de longs développements sur l'injustice de la société à l'égard des bâtards, irresponsables des crimes de leurs auteurs; avec Kant [1], on avait dégagé les principes de l'unification des droits de tous les enfants devant leurs parents. Alexandre Dumas fils [2] reprit cette thèse égalitaire et Emile de Girardin, à son tour, conclut en termes énergiques à l'égalité des diverses catégories d'enfants : « Est-ce que l'égalité existe entre frères, tous deux fils d'un même père, mais l'un mis au monde par l'épouse, l'autre mis au monde par la maîtresse? Est-ce que cette flagrante inégalité peut longtemps subsister là où l'égalité politique a triomphé? Est-ce que l'enfant de la nature est d'essence inférieure à celui de la loi [3]?

---

[1] *Elément métaphysique de la doctrine du droit.* Introduction Barni, p. 15.

[2] Alexandre Dumas fils, *Le fils naturel.*

[3] Girardin, *Questions philosophiques*, rapporté par Coulon, p. 20.

Ce courant littéraire n'a cependant trouvé son écho que dans ces dernières années, de 1896 à ces temps-ci.

Nous ne reviendrons pas, en effet, sur les observations timides qui, en 1872 et 1897, eurent pour but d'imprimer le sceau législatif à la formule jurisprudentielle introduite en faveur de la légitimation des enfants incestueux. Nous nous bornerons simplement à rappeler les diverses propositions de loi présentées en vue d'améliorer l'état d'infériorité des enfants issus en violation des principes de la morale et de la société.

En 1890, MM. Chiché, Henri Aimel et Jourde déposaient un projet de loi accordant à ces bâtards des droits égaux à ceux qui sont attribués par le Code civil aux enfants simplement naturels (¹).

Ce projet était basé sur des considérations d'ordre purement moral. « Pourquoi donc le législateur s'est-il montré si implacable vis-à-vis de ces malheureux qui sont innocents de la faute de ceux qui les ont engendrés dans les criminelles voluptés de l'adultère ou de l'inceste?

» Parce que, nous dit Demolombe, il était impossible de traiter à l'égal de l'enfant simplement naturel, l'enfant adultérin ou incestueux dont la filiation est un attentat aux principes les plus essentiels de la famille et de l'Etat.

» Injuste et monstrueuse théorie qui frappe l'innocent et lui fait subir le châtiment d'une faute que d'autres ont commise et dont sa naissance est le déplorable fruit. Cette aveugle rigueur qui s'acharne sur ces infortunés, dès le berceau, pour leur faire expier le crime de leurs auteurs, est véritablement indigne d'une nation civilisée ».

Ce projet n'offre, à notre point de vue, qu'un intérêt pécu-

______

(¹) Projet du 28 juin 1890, *J. off.*, *Doc. parl.*, Chambre, 1890, p. 1425.

niaire très secondaire quoique important ; il nous suffit de le signaler afin de nous étendre davantage sur une série de propositions de loi, dont le principe fut, comme celui de la loi du 7 novembre 1907, de faire disparaître le vice de la filiation incestueuse ou adultérine : ce sont celles de MM. Henri Pontois, Arthur Groussier et Déjeante ; la première est des trois la plus méthodique et la plus intéressante.

M. Henri Pontois a voulu, le 12 mai 1891, réaliser la répression de l'inceste au point de vue pénal et la réglementation très large en matière civile de la situation des enfants incestueux ou adultérins.

Se fondant sur ce que le droit pénal réprime l'adultère et laisse l'inceste impuni, tandis que le Code civil inflige un même traitement aux enfants nés de ces désordres, l'auteur de la proposition édictait contre l'inceste du droit des gens une peine criminelle et pour punir l'inceste du droit civil, une peine correctionnelle équivalente à celle dont est frappée la femme convaincue d'adultère.

A la suite de cette première série de dispositions, M. Pontois énumérait les modifications à introduire dans la loi pour améliorer le sort des enfants incestueux ou adultérins : il ne tenait aucun compte, quant aux premiers, du sens de la jurisprudence en faveur de la légitimation.

L'article 331 du Code civil était ainsi modifié :

« Les enfants nés hors mariage pourront être légitimés par le mariage subséquent de leurs père et mère, lorsque ceux-ci les auront reconnus avant leur mariage ou qu'ils les reconnaîtront dans l'acte même de célébration.

» Les enfants incestueux ou adultérins pourront être légitimés dans les cas et sous les conditions déterminées au § 4 de l'article 5 ci-après ».

Raymond 7

Cet article 5 répartissait dans quatre paragraphes les présomptions appelées à remplacer l'article 335 du Code civil que M. Pontois a ainsi analysées :

§ I. Impossibilité de reconnaissance au profit des enfants issus de relations entre ascendants et descendants légitimes ou naturels en ligne directe et des alliés au même degré; § II. Même impossibilité de reconnaissance au profit des enfants issus de relations entre frère et sœur légitimes ou naturels; § III. Même impossibilité de reconnaissance vis-à-vis des enfants incestueux nés de relations entre beaux-frères et belles-sœurs, oncles et nièces, tantes et neveux et vis-à-vis des enfants adultérins, tant qu'ils sont en concurrence avec des enfants légitimes, ou nés ou reconnus par leur père ou leur mère antérieurement au mariage que ces derniers auront été autorisés à contracter ou auront valablement contracté; § IV. Cette impossibilité de reconnaissance cesse pour les enfants incestueux ou adultérins et sous les conditions déterminées au § ci-dessus. Dans ces cas, et sous ces conditions, leurs père et mère pourront les reconnaître, soit par l'acte de célébration, soit au cours de ce mariage par un acte authentique spécial.

Ainsi, tout en appelant les enfants incestueux ou adultérins à profiter de la réhabilitation que devait leur procurer le mariage de leurs parents ou même — point important — une reconnaissance par acte authentique faite après le mariage, M. Pontois avait pris soin de sauvegarder les intérêts de la famille légitime. C'est ainsi qu'il ne voulait pas permettre de placer sur un pied d'égalité ces enfants à côté des enfants légitimes nés d'un premier mariage ou d'enfants naturels légalement reconnus. Le projet de M. Pontois faisait de l'unité familiale la base des réformes législatives qu'il proposait; sans doute craignait-il qu'on ne trouvât pas d'en-

fants légitimes capables de traiter en frères des enfants adultérins dont l'existence eût rappelé, par exemple, l'injure
profonde faite à leur propre mère.

Avec la proposition de loi de M. Arthur Groussier et de
ses collègues du groupe socialiste nous avons à signaler une
innovation autrement radicale. Sans établir de distinctions
entre l'inceste et l'adultère, M. Groussier réclama la légitimation des enfants adultérins comme des enfants incestueux.
Ce projet, qui fit l'objet d'un rapport favorable de M. de Folleville, avait pour but de modifier ainsi qu'il suit l'article **331**,
alinéa **2** : « Les enfants, même nés d'un commerce incestueux
ou adultérin, pourront être également légitimés par le
mariage subséquent de leurs père et mère, lorsque ceux-ci
les reconnaîtront dans l'acte de célébration de l'union civile.
Il n'est rien innové à la prohibition absolue de la reconnaissance en toute autre circonstance. Il sera fait mention
etc., etc. » (¹).

Nous ne saurions dire si cette proposition parut hardie
puisqu'elle ne fut jamais discutée devant la Chambre.

M. Groussier n'a pas depuis ce temps changé d'opinion :
sans doute eût-il voté le projet de son collègue. M. Déjeante
déposé le 9 juillet **1902** (²) puisque la conception de ce dernier en matière de légitimation des enfants incestueux et
adultérins fut identique à la sienne mais il n'eut pas un sort
plus heureux.

Cependant, par la prise en considération, le **28** novembre,
des idées soumises par M. Dejeante, la Chambre se montrait
déjà favorable à l'unification des droits de tous les enfants
devant la loi ; et, reprenant ses projets anciens, M. Grous-

(¹) *J. off.*, 1897, Annexe, *Doc. parl.*, n. 2880, p. 267 et 2757.
(²) *J. off.*, 1902, *Déb. parl.*, Chambre, p. 2223.

sier traduira à la veille du vote de la loi du 7 novembre 1907
l'opinion de la majorité de ses collègues que le Sénat ne
voudra pas consacrer : « Je suis partisan de l'égalité absolue
de droits pour tous les enfants, qu'ils soient légitimes, naturels, incestueux, ou adultérins » (¹).

(¹) Groussier, Chambre, le 18 fév. 1907, *J. off.*, *Déb. parl.*, p. 381.

TROISIÈME PARTIE

LA LÉGITIMATION DES ENFANTS INCESTUEUX OU ADULTÉRINS SOUS LE RÉGIME DE LA LOI DU 7 NOVEMBRE 1907

TROISIÈME PARTIE

La légitimation des enfants incestueux ou adultérins sous le régime de la loi du 7 novembre 1907.

—

CHAPITRE PRÉLIMINAIRE

**Historique de la loi. Faux point de départ du législateur.
Champ d'application de la loi.**

Le 30 novembre 1906, MM. les députés Violette et Steeg présentaient à la Chambre une proposition de loi ainsi rédigée :

« Article unique. — Dans le premier paragraphe de l'article 331 C. civ., supprimer les mots *ou adultérins* » ([1]).

Cette proposition avait une portée très nette : faire bénéficier de la légitimation tous les enfants adultérins ou incestueux sans distinction, en créant pour les premiers une législation nouvelle, en laissant aux seconds le bénéfice d'une jurisprudence définitivement assise.

Les auteurs du projet, en effet, malgré la forme qu'ils laissaient à l'article 331 : « Les enfants nés hors mariage, autres que ceux nés d'un commerce incestueux, pourront être légitimés par le mariage subséquent de leurs père et mère... »

([1]) *J. off.* du 30 avril 1907, *Doc. parl.*, Chambre, Annexe n. 494, p. 203.

et sous l'apparence d'une concession faite aux enfants adultérins et refusée aux enfants incestueux qui restaient soumis
au texte rigoureux du Code, inauguraient, au contraire, un
traitement d'égalité au profit de ces deux catégories d'enfants.

Nous avons vu qu'aux termes de la jurisprudence consacrée par la Cour de cassation, la légitimation, au moment où
MM. Violette et Steeg déposaient leur projet de loi, était
accordée aux enfants incestueux dont les parents obtenaient,
pour se marier, une dispense. En maintenant dans l'article 331
l'exception visant l'inceste, les auteurs de la proposition
voulaient considérer comme acquise cette jurisprudence (²).

La commission de la Chambre, soucieuse cependant d'éviter toute équivoque, effaça les mots « autres que ceux nés
d'un commerce incestueux » et vit dans cette suppression la
simple consécration de la théorie jurisprudentielle. Désormais — et il y eut, sur ce point, entente parfaite avec le
Sénat — la légitimation de ces enfants est autorisée par la
loi puisque la lettre de l'article 331 nouveau n'y met plus
obstacle, mais le Code reste muet sur les conditions imposées
à ces enfants parce que la jurisprudence a déjà réglé leur
cas. Nous ne saurions trop nous élever contre une telle
méthode législative dont le premier danger est « d'encourager le juge à se faire législateur en réformant la loi quand il
la trouve mauvaise ». Puisque la réforme semblait désirable,
il convenait de l'accomplir d'une façon expresse.

Cette possibilité de légitimation des enfants incestueux, au
cas de mariage de leurs parents, devait amener, dans l'esprit
des auteurs de la proposition, le désir d'établir un courant
parallèle leur permettant d'accorder le même avantage aux

(²) Rapport supplémentaire de M. Violette, *J. off.* du 12 mai 1907, *Doc. parl.*,
Annexe n. 732, p. 107.

enfants adultérins dans tous les cas où le mariage de leurs père et mère pourrait se conclure.

La loi du 15 décembre 1904, abrogeant l'article 298 du Code civil, allait les inciter à franchir ce pas.

Antérieurement au vote de cette loi, le législateur prohibait, en effet, d'une façon formelle, dans l'article 298 du Code civil [1] au cas de « divorce admis en justice pour cause d'adultère », le mariage de l'époux coupable avec son complice. Cette prohibition fut respectée avec une rigueur extrême.

« Pour qu'il y ait lieu d'appliquer l'article 298 », disait M. le sénateur Lintilhac, dans son rapport au Sénat, lorsque fut discutée l'abrogation de cet article [2], « point n'est besoin que le complice de l'adultère ait été surpris et puni correctionnellement, ce qui est relativement rare; il suffit que l'adultère soit établi par le jugement qui prononce le divorce et que le nom du complice ressorte du dispositif ou simplement des motifs du jugement, ou même d'un acte quelconque de la procédure de divorce. Il y a pis. L'humanité des juges évite-t-elle de prononcer le nom du complice? Un arrêt de la cour de Paris en date du 30 octobre 1900 [3] autorise l'enquête tendant à prouver l'identité du complice, par tous les modes de preuve, selon les règles du droit commun.

» Et toute cette vigilance inquisitoriale pour empêcher de se rejoindre légalement deux êtres qui y aspirent, à travers une faute, il est vrai, mais avec le droit si humain et des chances appréciables de la réparer! C'est avec un sens plus exact de la vie vécue et des leçons de sagesse qu'elle donne à entendre, quand la passion accidentelle cesse de nous faire du

---

[1] Art. 298 : « Dans le cas de divorce admis en justice pour cause d'adultère, l'époux coupable ne pourra jamais se marier avec son complice ».

[2] D., 1905. 4. 28.

[3] *Gaz. Pal.*, 1900, II, p. 674.

bruit, que le consul Cambacérès disait, au Conseil d'Etat, à propos de l'article 68, l'aîné de l'article 298 : « On ferme la porte au repentir, même lorsque la faute doit être imputée à une faiblesse momentanée et non à une dépravation habituelle ; et cependant on a vu plus d'une fois des individus dont la jeunesse avait été très licencieuse revenir, dans un âge plus avancé, à des mœurs très régulières ». Enfin et par dessus tout cette prohibition, si hérissée du fait d'une jurisprudence extensive de soupçons et d'enquêtes, a pour conséquence finale de condamner des innocents, ceux qui naîtront d'un concubinage rendu inévitable, à vivre dans la gêne sociale dont la loi frappe les enfants nés hors mariage ».

De telles considérations devaient impressionner le législateur. Il ressortait, en effet, des développements du rapporteur que l'article 298 du Code civil avait le résultat doublement fâcheux d'enrayer, pour partie, les bienfaits que, dès 1792, on voulait réaliser avec le divorce et surtout de punir des enfants pour des fautes auxquelles ils étaient étrangers et dont la constatation n'était trop souvent que le résultat d'une jurisprudence « draconienne ou inquisitoriale ». Pour ces deux raisons, cet article devrait être appelé à disparaître : le législateur l'abrogea.

Désormais, le mariage entre les complices d'adultère, entre l'époux libéré par la mort de son conjoint ou par le divorce et son amant était possible ; ne s'ensuivait-il pas que les enfants issus de leurs relations coupables allaient pouvoir être légitimés ?

C'est la conclusion adoptée par MM. Violette et Steeg et développée à la séance du 11 janvier 1907 (¹) ; elle leur parut d'une logique rigoureuse :

(¹) *J. off.* du 17 février 1907, *Doc. parl.*, Chambre, Annexe n. 629, p. 19.

« Peut-on vraiment dire plus longtemps à ceux à qui nous venons d'ouvrir une possibilité légale de mariage : Vous pourrez régulariser votre situation, bien que vous ayez été coupables. Mais vos enfants qui sont innocents c'est sur eux que la loi va exercer sa vengeance. Ainsi, nous, législateurs, nous allons les tenir avec soin hors de la famille que nous vous autorisons à fonder. Ils seront toujours là pour témoigner qu'elle n'est en quelque sorte qu'une famille frappée de déchéance morale. Certes, si vous êtes voleur ou criminel, nous nous efforcerons de voiler le plus possible votre faute. Nous avons voté la loi de sursis et nous entourons par ailleurs la communication du casier judiciaire de.toutes les garanties possibles de discrétion. Si vous avez eu le bonheur d'avoir un commerce adultérin stérile, ce sera également pour le mieux; n'avons-nous pas abrogé l'article 298? Mais si par malheur vous avez eu un enfant, il restera là toute votre vie dressé devant vous et le nom qu'il portera apprendra à tous les raisons pour lesquelles il est votre enfant suivant la nature sans pouvoir l'être suivant la loi. Un tel système est donc un véritable encouragement à l'infanticide ou à l'abandon des enfants adultérins.

» Il ne se trouvera personne d'assez candide pour soutenir qu'accorder la légitimation par mariage subséquent des enfants adultérins, serait pousser au développement des relations adultérines. Si l'argument a en soi une valeur, c'est lors de l'abrogation de l'article 298 qu'il eût été opportun de le produire et si à ce moment il a déjà paru puéril et vain, à plus forte raison ne peut-il nous arrêter une seconde. Il ne se formera avec notre texte ni plus ni moins de relations adultérines qu'avant. Le but des unions de cette nature n'est généralement pas de fonder une famille et on peut affirmer que les enfants y sont plus appréhendés que désirés. C'est, à notre sens, une raison de plus pour ne pas, par une législation d'une rigueur inadmissible, aggraver encore les raisons qui y font en général redouter par dessus tout la présence des enfants.

» Mais si, malgré tout, le couple adultérin a des enfants, dans quelle situation vraiment atroce place-t-on les parents le jour où il leur sera permis de régulariser leur situation? Ils auront le choix entre trois solutions : renoncer à profiter des facilités que la loi leur accorde et maintenir une situation irrégulière que le législateur n'a vraiment pas intérêt à encourager, se résigner à écarter d'eux leurs enfants, ou accepter les risques d'une situation qui fera l'amertume de leur vie et empoisonnera leur existence. De toutes façons, c'est un problème véritablement poignant qu'ils auront à résoudre. A notre avis, il n'est pas bon que la loi place le citoyen dans cette alternative : faire son devoir, mais pour cela sacrifier ses intérêts les plus légitimes ».

Que ces développements, au point de vue moral, soient dictés par des sentiments de justice et d'humanité, nul n'en peut douter. Il est en effet difficile de concevoir — et en cela nous sommes en parfait accord avec MM. Violette et Steeg — une inégalité aussi flagrante que celle qui résulterait du mariage d'époux incestueux ou adultérins donnant le jour, postérieurement à leur mariage, à des enfants légitimes et rejetant de la famille les enfants nés des relations coupables antérieures à leur union. La difficulté avait été déjà entrevue pour les enfants incestueux par Dupin à la séance du 22 janvier 1832 (¹) : « On verra donc les enfants légitimes nés du même père et de la même mère, dans la même maison, à la même table et en présence de leurs frères aînés qui n'au-

---

(¹) *Moniteur* du 30 janvier et S., 33. 2. 82.

raient ni état, ni droit, ni partage. Et à moins que les parents
ne voulussent punir ces derniers d'un crime qui ne serait pas
le leur en les chassant du toit paternel, il faudrait que le
même foyer recueillît des enfants légitimes et des incestueux ». La jurisprudence s'arrogea le droit, nous le savons,
de remédier à ces inconvénients pour les enfants incestueux,
mais fallait-il, pour motiver juridiquement la concession de
la légitimation aux enfants adultérins, prendre pour base
l'abrogation de l'article 298 du Code civil dont elle serait la
nécessaire conséquence?

Ce fut l'opinion des auteurs du projet dont nous repro-
duisions, il y a un instant, les termes; ce fut celle de la
majorité de la Chambre nettement exprimée lors de la discussion générale de la loi par M. Perroche, à la séance du
18 février 1907 :

« Messieurs, l'article 298 du Code civil, qui prohibait le mariage entre l'époux adultère et son complice, a été abrogé par
la loi du 16 décembre 1904; il en résulte que ceux-ci peuvent
maintenant s'unir légitimement. La proposition de nos collègues, MM. Violette et Steeg, a pour but d'étendre cette
réforme ou plutôt de réaliser une de ses conséquences en
permettant au père et à la mère de légitimer par mariage
subséquent les enfants nés de leurs relations irrégulières » (¹).

Nous n'hésitons pas, cependant, à déclarer qu'une telle
affirmation est le résultat d'une étrange confusion sur le
véritable caractère de l'article 298 du Code civil, dont l'abrogation laissait intacte la prohibition faite par le Code de
légitimer les enfants adultérins. L'article 298 du Code civil,
en effet, contrairement à ce qu'ont pensé nos législateurs,

(¹) *J. off.* du 19 février 1907, *Déb. parl.*, p. 377 et s.

n'avait nullement la portée générale que ceux ci lui attribuaient : c'était, à n'en pas douter, une dérogation unique à la faculté qu'avait l'époux coupable, redevenu libre, de contracter mariage avec son complice. L'ancien article 331 du Code civil, battu en brèche par le nouveau projet, visait essentiellement cette dernière hypothèse lorsqu'il prohibait la légitimation des enfants adultérins puisque la légitimation est toujours subordonnée au mariage des père et mère.

Aussi bien l'empêchement édicté par le Code était purement prohibitif et l'union réalisée en violation de cette disposition ne pouvait être arguée de nullité.

Enfin, même au cas de divorce admis en justice, l'article 298 restait bien souvent lettre morte : l'un des époux était-il condamné pour adultère, l'article 298 était inapplicable si le divorce n'était pas prononcé pour cette cause (¹). L'adultère entraînait-il seulement la séparation de corps, cela ne mettait nullement obstacle au cas de décès de celui qui l'obtenait, au mariage des coupables; que le divorce, bien que prononcé pour adultère par le Tribunal, fût nul ou non avenu par suite du défaut de transcription, l'empêchement à mariage ne subsistait plus. En supposant ainsi le divorce prononcé entre époux pour cause d'adultère, bien des cas se sont présentés, on le voit, où l'époux coupable pouvait, sans aucun empêchement, épouser son complice; si l'on ajoute qu'il n'est pas toujours aisé pour le juge de retrouver la trace de relations adultérines et que le divorce est souvent prononcé pour nombre d'autres motifs, nous pouvons aisément déduire que le Code civil, sauf le cas très particulier que nous venons d'étudier, permettait aux parents adultérins de contracter mariage.

De la possibilité de cette union et de sa fréquente réalisa-

____

(¹) Cass., 24 mai 1892, D., 93. 1. 412.

tion a-t on tiré avant les auteurs du nouveau projet de loi,
la conclusion « logique et nécessaire », d'après eux, que les
enfants issus de ce commerce devaient être légitimés? Aucu-
nement. Un enfant naît dont la conception se place nécessairement au cours du mariage de l'amant : l'enfant est
adultérin. L'homme devient veuf ou divorce pour des motifs
autres que l'adultère commis avec la mère de l'enfant : il
pouvait, avant l'abrogation de l'article 298 du Code civil,
épouser sa complice mais cette possibilité d'union ne rendait
nullement cet enfant légitimable; l'ancien article 331 du
Code civil s'y opposait.

Une femme mariée a un enfant contre lequel son mari
intente une action en désaveu; le désaveu est admis en justice : l'enfant est adultérin. Le mariage est dissous pour des
raisons où l'adultère n'entre pas en jeu : cette femme pouvait s'unir à son complice sans que l'enfant né de leurs
relations pût être légitimé.

Telles étaient, antérieurement à la loi du 15 décembre
1904, la portée de l'article 298 du Code civil. Après l'abrogation de cet article, la possibilité de mariage de l'époux
adultère et de son complice est devenue plus fréquente sans
que pour cela la situation des enfants issus de leurs relations
se soit améliorée.

Les auteurs du projet de loi ont donc inexactement inter-
prété le système du Code civil et c'est à tort que M. le député
Violette, établissant un rapprochement entre la filiation adultérine et la filiation incestueuse pour démontrer la nécessité
de faire pour la première ce que la jurisprudence a fait pour
la seconde, a dit dans son rapport : (¹) « Dans notre matière
(la filiation adultérine), c'est la loi qui relève de l'incapacité

____

(¹) *J. off.* du 17 fév. 1907, *Doc. parl.*, Annexe, n. 629, p. 19.

(par l'abrogation de l'article 298 du Code civil), qui donne la dispense ; elle le fait de la façon la plus absolue, il ne doit donc plus subsister le moindre empêchement à la légitimation ».

Ainsi le législateur a cédé, lors de l'élaboration de la loi du 7 novembre 1907, à ce qu'il crut être les conséquences inévitables de l'abrogation d'un article alors que la situation des enfants adultérins restait entière, il a donc pris un faux point de départ. C'est ce que nous tenions à signaler moins pour l'importance du fait que pour la leçon qui s'en dégage car cette première erreur, après nous avoir mis en garde contre les procédés législatifs, nous fera découvrir des confusions plus dangereuses et plus regrettables.

Cette erreur maintenant dissipée, il faut bien reconnaître que le projet de MM. Violette et Steeg respirait la largesse et la simplicité ; les enfants adultérins bénéficiaient de la légitimation par mariage subséquent sans qu'il y eût lieu d'établir entre eux des distinctions, afin de ne pas leur faire un sort plus défavorable qu'aux enfants incestueux.

La commission de la Chambre voulut même se soucier de la situation faite aux enfants adultérins dont les parents s'étaient mariés depuis l'abrogation de l'article 298 du Code civil, et antérieurement à la promulgation de la loi qu'on préparait ; elle s'inquiéta aussi de l'établissement des enfants dont les père et mère coupables d'adultère avaient été déliés d'un précédent mariage, non par le divorce mais par la mort et avaient pu régulariser leurs liaisons adultérines sans régulariser la situation de ces enfants.

La difficulté de protéger les uns et les autres venait de ce que l'article 331 ne permet que la légitimation des enfants reconnus antérieurement au mariage ou dans l'acte même de célébration.

On ne voulut pas refondre cette partie du texte de l'ancien

article 331 dont la disposition paraissait précieuse pour l'avenir et, afin de sauvegarder l'intérêt de ces enfants dont la reconnaissance devenait impossible dans l'acte même du mariage, on autorisa dans l'article 2, pour un délai de deux ans, une dérogation permettant la légitimation des enfants adultérins par une reconnaissance des père et mère postérieure à l'union.

Le projet était ample, libéral, humain, mais il allait bientôt être discuté devant le Sénat et perdre son unité, son harmonie et, nous pouvons bien le dire, sa clarté.

Les membres de la commission sénatoriale nommée pour examiner la proposition ainsi adoptée le 18 février 1907 par la Chambre des députés, « sans méconnaître la haute valeur des considérations d'humanité qui avaient inspiré les auteurs de la proposition de loi..., ont fait observer que maintenir dans la généralité de ses termes le nouvel article 331 du Code civil pouvait amener des conséquences inacceptables ».

Une hypothèse arrêta particulièrement l'attention des sénateurs : « Un homme marié entretient à côté de son ménage une liaison illégitime au cours de laquelle des enfants lui naîtront concurremment de sa femme et de sa maîtresse. Le mariage se dissout par la mort de sa femme, le mari devenu veuf épouse sa maîtresse, et, révélant alors par la légitimation de ses enfants adultérins l'existence de ses relations coupables, en même temps que la date de naissance de ses enfants légitimes atteste la continuité de ses relations conjugales, donne une sorte de consécration légale à l'état de bigamie dans lequel il a vécu.

» Si le texte adopté par la Chambre des députés acquérait l'autorité de la loi, rien ne pourrait empêcher de se produire un résultat aussi choquant. Votre commission n'a pas cru devoir vous proposer de l'autoriser.

» Il est au contraire d'autres cas où les considérations invoquées par les auteurs de la proposition reprennent toute leur force » (¹).

Le Sénat donna crédit aux arguments développés par le rapporteur de la commission, M. Chaumié, et ne prit à l'égard des enfants adultérins qu'une décision restrictive. Il ressort, en effet, du texte soumis par le Sénat à la Chambre que trois catégories d'enfants adultérins bénéficieront seulement de la nouvelle loi :

En ce qui concerne les enfants adultérins, pourront être légitimés par le mariage subséquent de leurs père et mère, et dans l'acte même de célébration, ceux qui seront nés plus de trois cents jours après l'ordonnance du président du tribunal prévue par l'article 878 du Code de procédure civile, intervenue entre celui de leurs auteurs qui était antérieurement dans les liens du mariage et son conjoint, lorsque cette procédure aura abouti à la séparation de corps ou au divorce ou aura été interrompue par le décès de l'autre conjoint.

L'enfant né pendant le mariage et désavoué par le mari pourra également être légitimé par le mariage subséquent de la mère avec son complice.

Il sera fait mention de la légitimation en marge de l'acte de naissance de l'enfant légitimé.

Donc, après avoir adopté le § 1ᵉʳ de l'article 331 tel qu'il avait été voté par la Chambre, le Sénat ajoutait à cette disposition générale les restrictions des §§ 2 et 3 ci-dessus, donnant deux cas de légitimation et l'admettant, sans le dire expressément, au profit d'une troisième catégorie d'enfants.

Il conservait l'ancien article 2 du texte de la Chambre et,

(¹) Rapport de M. Chaumié le 20 juin 1907. Annexe, n. 166, du 23 octobre 1907, p. 140.

le mettant en harmonie avec la rédaction nouvelle de l'article 331, en faisait une disposition transitoire :

Les enfants adultérins se trouvant dans les conditions prévues par la disposition qui précède et dont les père et mère auront contracté mariage avant la promulgation de la précédente loi, pourront être, de la part de ceux-ci, dans le délai de deux ans à partir de cette promulgation, l'objet d'une reconnaissance devant l'officier de l'état civil du domicile des deux conjoints.

Cette reconnaissance emportera la légitimation et mention en sera faite en marge des actes de mariage et de naissance.

Ainsi remanié, le projet de loi sur la légitimation des enfants adultérins retourna à la Chambre. Le rapporteur de la Commission, M. Violette, tout en faisant ses réserves sur la valeur de l'argumentation produite par M. Chaumié et les effets d'une proposition dont les sénateurs n'avaient que superficiellement examiné le sens et la portée, conseilla d'accepter cette dernière comme « un petit progrès ». Il annonça que le texte primitivement adopté serait repris (il l'a été, en effet, le 11 novembre 1907, et la Chambre des députés a depuis manifesté avec une quasi-unanimité son désir formel de le soumettre une fois encore au Sénat), mais la ténacité de la Chambre sera mieux comprise lorsque nous aurons étudié le mécanisme et les conséquences de la loi.

Cet aperçu sur sa préparation demande que nous signalions, en terminant, une lacune du législateur de 1907, qui fera regretter le décousu de l'œuvre parlementaire et démontrera plus amplement le danger de l'élaboration trop hâtive des lois dont on déclare l'urgence.

L'année 1907, féconde en mesures législatives, compte deux grandes lois sur les enfants nés hors mariage : celle du

2 juillet, relative à la protection et à la tutelle des enfants naturels, et celle du 7 novembre dont nous nous occupons en ce moment.

Pour la première de ces lois, malgré la remarque faite le 17 juin 1907 par un sénateur, sur l'inutilité de cette disposition, l'article 5 porte qu'elle sera applicable à l'Algérie et aux colonies. M. Martin, en effet, avait objecté ([1]) qu'il s'agissait de modifications apportées à quatre articles du Code civil évidemment applicables à l'Algérie et aux colonies. Mais le rapporteur du projet de loi, sans renverser l'objection, se borna à répondre : « Si cela est de trop, cela ne nuit pas », et l'article 5 fut voté.

Nous sommes tout naturellement porté à nous demander si, en l'absence d'une telle disposition, la loi du 7 novembre 1907 s'applique seulement à la métropole ou si, au contraire, l'opinion de M. Martin doit être adoptée.

Or, dernièrement encore, tant dans la loi du 21 juin 1907 que dans celle du 6 juin 1908, portant modification d'articles du Code civil, le législateur a spécifié que ces lois seraient applicables, sinon à toutes les colonies, du moins « à l'Algérie et aux colonies de la Guadeloupe, de la Martinique et de la Réunion ».

Que devons-nous penser de ces variations et notamment du silence du législateur dans notre espèce ?

L'affirmation de M. Martin constitue une inexactitude. L'application des lois et des règlements de la métropole et en particulier du Code civil ne s'impose pas de plein droit aux colonies. Depuis l'article 73 de la charte de 1814 resté en vigueur, les colonies « sont régies par des lois et règlements particuliers » ; l'article 66 de l'ordonnance du 9 février

([1]) *J. off.*, 1907, *Déb. parl.*, Sénat, p. 826.

1827 comme l'article 6 du sénatus-consulte du 3 mai 1854 portent que les lois et décrets ne sont applicables aux colonies qu'en vertu d'une disposition spéciale.

Il y a lieu cependant de retenir deux exceptions :

1° En Algérie, les lois d'ordre général, antérieures à l'ordonnance du 22 juillet 1834 (art. 4) sont devenues exécutoires par le fait même de la conquête [1]. Depuis la conquête, les lois y sont applicables, de plein droit, par l'effet de la promulgation dans la métropole : α) lorsqu'elles sont faites pour l'Algérie ou décident qu'elles y seront exécutoires ; β) lorsqu'elles modifient des textes en vigueur; γ) lorsque aucune disposition de la législation locale ne fait l'objet de la loi nouvellement promulguée dans la métropole [2].

2° Dans les vieilles colonies (Martinique, Guadeloupe, Réunion) où l'état civil des personnes est réglé par la loi.

Ainsi, sauf disposition formelle, en dehors de ces deux exceptions, une loi de la métropole ne s'étend aux colonies qu'en vertu d'un décret du chef de l'État [3], encore faut-il qu'une promulgation spéciale par arrêt du gouverneur donne effet à ce décret [4].

En nous basant sur ces principes, la loi du 7 novembre 1907, emportant seulement modification d'un texte du Code civil, est applicable, en dehors de toute promulgation spéciale, à l'Algérie et aux colonies de la Martinique, de la Guadeloupe et de la Réunion. Le mutisme du législateur équivaut sur ce point aux dispositions expresses des lois des 21 juin 1907 et 6 juin 1908. Mais, en l'absence d'une décision du Parlement et de mesure du pouvoir exécutif, les

[1] Cass., 4 août 1881, S., 81. 1. 437.

[2] Cass., 31 oct. 1895, D., 96. 1. 365.

[3] Cass., 2 mars 1893, D., 94. 1. 142, S. et P., 93. 1. 273. — Cass., 17 déc. 1896, D., 97. 1. 270, S. et P., 97. 1. 430.

[4] Cass., 4 sept. 1902, D., 1904. 5. 19.

règles nouvelles sur la légitimation des enfants incestueux ou adultérins ne recevront pas application dans les autres colonies.

Deux parties diviseront notre étude : l'une brève, destinée à l'examen de la situation juridique faite par la nouvelle loi aux enfants incestueux; l'autre étendue, consacrée aux enfants adultérins, qui comprendra trois chapitres : l'exposé de la loi, sa discussion, sa répercussion dans le temps sur les principes du Code civil.

SECTION PREMIÈRE

La légitimation des enfants incestueux sous le régime de la loi du 7 novembre 1907.

Si nous devions nous arrêter à l'intitulé de la loi du 7 novembre 1907, tel qu'il figure au *Journal officiel* du 9 novembre, sans nous attacher aux travaux parlementaires qui ont aidé à la confection de la loi, nous aurions été tenté de céder à la préoccupation exclusive du législateur pour les enfants adultérins.

Il porte, en effet, la mention suivante : *Loi modifiant l'article 331 du Code civil en ce qui concerne les enfants adultérins.*

Malgré ces termes, nous savons cependant, par les explications données dans l'historique de la loi, qu'il faut voir dans le mutisme du législateur la consécration de la jurisprudence admettant les enfants incestueux au bénéfice de la légitimation : il nous reste alors à rechercher si la loi du 7 novembre 1907 n'a pas, sans que le législateur s'en doute, modifié ou élargi les conditions que la jurisprudence imposait pour la légitimation de ces enfants.

Lisons l'alinéa premier du nouvel article 331 :

Les enfants nés hors mariage pourront être légitimés par le mariage subséquent de leurs père et mère lorsque ceux-ci les auront légalement reconnus avant leur mariage ou qu'ils les reconnaîtront dans l'acte même de célébration.

En supprimant ainsi les mots « autres que ceux nés d'un commerce incestueux ou adultérin », le législateur donne à cet article une portée générale et assimile de façon complète les enfants incestueux ou adultérins aux enfants naturels simples.

Désormais la légitimation devient légalement accessible aux enfants nés hors mariage sans distinction : toutefois la légitimation, soumise pour les enfants adultérins à des restrictions contenues dans les paragraphes suivants, n'est absolue que pour les enfants incestueux.

Pour ceux-ci le principe reste celui de la jurisprudence : les enfants nés de personnes parentes ou alliées au degré prohibé seront légitimés par le mariage subséquent de leurs père et mère contracté au moyen de dispenses accordées par le chef de l'Etat; il suffira que le mariage soit valable ou puisse revêtir le caractère d'un mariage putatif car, à cet égard, l'enfant incestueux bénéficie du même traitement que l'enfant naturel simple.

L'application de ce principe ne souffre aucune difficulté si l'enfant incestueux est simplement conçu au moment du mariage de ses parents : il pourra invoquer l'article 314 du Code civil et naîtra légitime quelle que soit l'interprétation donnée au nouvel article 331.

Mais la situation juridique se complique, et cette hypothèse aurait dû arrêter l'attention du législateur, si l'enfant incestueux est né au moment de l'union de ses parents. Il faut que la filiation soit légalement établie à l'égard de ses deux auteurs. Comment éviter alors le heurt violent qui naîtra de l'application du nouvel article 331 et du maintien de l'article 335 du Code civil?

L'article 331 nouveau dit, en effet, dans son alinéa premier, que la légitimation se produira lorsqu'il y aura reconnaissance légale de l'enfant soit avant le mariage des parents, soit dans l'acte de célébration du mariage. D'un autre côté l'article 335 subsiste et reste formel : *Cette reconnaissance ne pourra avoir lieu au profit des enfants nés d'un commerce incestueux ou adultérin.*

Il ressort du rapprochement de ces deux textes une contradiction qui doit être interprétée.

Nous sommes porté à croire que cette difficulté n'a pas été vue par le législateur et qu'elle n'a par conséquent pas reçu solution.

M. le député Groussier, à la séance du 16 février 1907, comparant les termes de l'article 331 nouveau et de l'article 335, avait été frappé cependant de l'opposition manifeste existant entre ces deux textes et, redoutant que ce dernier article ne paralysât l'effet de la nouvelle loi, avait déposé un amendement destiné à corriger l'article 335 en le complétant de la façon suivante : « Cette reconnaissance ne pourra avoir lieu au profit des enfants nés d'un commerce incestueux ou adultérin sauf dans l'acte de célébration et en cas de mariage de leurs père et mère ».

Cet amendement fut retiré à la suite des éclaircissements suivants apportés par M. Violette.

« Il y a dans le Code deux sortes de reconnaissances : celle de l'article 331, qui est la reconnaissance à fin de légitimation et celle de l'article 335 qui est la reconnaissance ordinaire. Nous donnons le droit de reconnaître les enfants, mais dans le cas de légitimation seulement; et comme nous laissons subsister l'interdiction de les reconnaître en dehors du mariage, nous laissons subsister l'article 335. La preuve, d'ailleurs, que l'article 335 ne constitue pas un obstacle à ce qui est le vœu de la loi que nous vous demandons de voter, c'est qu'à l'heure actuelle avec la rédaction même de l'article

335 on arrive à légitimer par mariage subséquent les enfants incestueux lorsque les dispenses ont été données par le chef de l'Etat » (¹).

Acceptons la distinction que fait le rapporteur : nous validerons avec lui toute reconnaissance faite en vue de la légitimation.

Si la reconnaissance figure dans l'acte même de célébration, il n'est pas douteux qu'ayant été consentie en vue de la légitimation permise par la loi, cette reconnaissance sera valable.

En sera-t-il de même si la reconnaissance est faite antérieurement au mariage? Voilà la question que M. Violette aurait dû se poser au moment du dépôt de l'amendement Groussier.

Que la jurisprudence, en autorisant la légitimation des enfants incestueux, ait admis, malgré l'article 335, la reconnaissance de ces enfants, nous l'accordons au rapporteur, mais où et quand? Lors du mariage, dans l'acte même de célébration. La reconnaissance antérieure au mariage seule devient ainsi une innovation qu'il faut bien admettre si l'on veut s'en tenir à la rédaction de l'article 331 nouveau.

Ses termes ont, en effet, une portée générale dont nous ne pouvons renverser le sens ; sera légitimé tout enfant né hors mariage de personnes parentes ou alliées au degré prohibé lorsque l'union de ses père et mère contractée au moyen d'une dispense viendra consacrer la reconnaissance dont il fut, de leur part, l'objet soit dans l'acte de célébration, soit même avant le mariage.

L'alinéa 2 du nouvel article 331 est fait pour fortifier cette opinion puisque le législateur envisage, dans cette disposition,

---

(¹) *J. off.* du 19 février 1907, *Déb. parl.*, Chambre, p. 382.

la situation d'une catégorie particulière d'enfants adultérins
dont la conception a eu lieu au cours d'une instance de séparation de corps ou de divorce. Pour ceux-ci, la loi fait de la
reconnaissance, dans l'acte même de célébration, une des
conditions essentielles de légitimation. Il faut voir là une
disposition spéciale qui fait supposer que les autres enfants
adultérins ou incestueux peuvent être reconnus dans des
actes antérieurs à la célébration du mariage de leurs parents.

Si nous suivons M. Violette dans la distinction qu'il fait
entre la reconnaissance à fin de légitimation et la reconnaissance ordinaire, à quoi distinguera-t-on la première et quelle
sera la valeur de cette reconnaissance tant que le mariage
des parents n'aura pas été célébré?

Un enfant incestueux est reconnu par ses père et mère,
nul ne peut savoir si cette reconnaissance est faite en vue de
la légitimation de l'enfant : aux termes de l'article 335 du
Code civil, tout intéressé pourra arguer de cette nullité qui
apparaît comme d'ordre public. En supposant que les auteurs
de l'enfant contractent plus tard mariage, l'article 331 indique que cette union validera la reconnaissance antérieure :
le mariage pourra-t-il ainsi faire revivre une reconnaissance
frappée dès le début de nullité radicale?

Si un intéressé attaque la nullité de cette reconnaissance
suivant l'article 335 et obtient gain de cause, que deviendra
le jugement rendu si, après un intervalle plus ou moins
long, un mariage intervient? Respectera-t-on la chose jugée?

Dans l'hypothèse où l'un des auteurs seulement a reconnu
l'enfant, la filiation incestueuse n'apparaît pas et nul ne peut
user de l'article 335 pour poursuivre la nullité de la reconnaissance : en droit cependant la nullité est incontestable.

Supposons que l'auteur de la reconnaissance épouse l'autre
auteur de l'enfant qui reconnaît ce dernier dans l'acte de

célébration du mariage. La légitimation, aux termes de l'article 331 nouveau, s'ensuivra-t-elle ? Le texte paraît se prêter à cette solution. Il prévoit l'option entre la reconnaissance antérieure au mariage et la reconnaissance concomitante à l'acte de célébration du mariage : l'un des parents de l'enfant a pu choisir le premier mode, l'autre le second ; il est pourtant difficile d'admettre que l'enfant sera légitimé dans de telles conditions. Comment valider une reconnaissance frappée de nullité absolue et qui doit être considérée par tous comme inexistante ?

Ce sont là des difficultés que le législateur n'a pas prévues et que, d'après certains jurisconsultes, on ne peut pratiquement solutionnner. Pour ces derniers, le moyen le plus simple et en même temps le plus prudent consistera à reconnaître l'enfant incestueux dans l'acte de célébration du mariage sans considérer la reconnaissance antérieure qui aura pu être faite et qui apparaît, malgré le texte nouveau, comme entachée d'un vice radical.

Ce raisonnement, pratique en lui-même, présente à notre avis l'inconvénient grave de conserver entière la prohibition de l'article 335 au mépris de la disposition récente de l'article 331. Placé entre la nécessité de porter atteinte à un article que la loi du 7 novembre 1907 peut avoir implicitement modifié et l'obligation de respecter le nouveau texte, il ne peut y avoir pour nous d'hésitation : nons suivrons la nouvelle législation.

L'article 335 n'a pas été abrogé (¹), nous le reconnaissons, mais nous ne saurions lui donner un sens qu'il n'a plus ; avant la loi de 1907, toute reconnaissance d'enfant inces-

---

(¹) Rapport à la Chambre, 11 janvier 1907, Annexe n. 629 et au Sénat, 20 juin 1907, Annexe n. 166. M. Perroche à la Chambre le 18 février 1907, *J. off., Déb. parl.*, Chambre, p. 377.

tueux ou adultérin était nulle ; après cette loi et conformément aux travaux législatifs seront reçues les reconnaissances
qui paraîtront avoir pour but la légitimation.

A quel signe certain constatera-t-on la volonté des auteurs
incestueux de légitimer l'enfant ?

Chaque fois, d'après nous, que le mariage des parents
apparaîtra comme possible à échéance plus ou moins rap-
prochée. De là découlent deux conditions : il faut que la
reconnaissance soit faite à la fois par les père et mère, et il
est de toute nécessité qu'au moment où ils reconnaîtront
l'enfant ils aient la faculté de contracter mariage.

Reconnaître en vue de légitimer : c'est faire un acte que le
mariage viendra tôt ou tard fortifier.

L'hypothèse d'une reconnaissance unilatérale ne se pose
dès lors plus dans notre matière. Un enfant a été reconnu
par un seul de ses auteurs ; son origine incestueuse restant
cachée, la reconnaissance est valable. Cet auteur pourra-t-il
utiliser cette reconnaissance le jour où il célèbrera son union
avec l'autre auteur de l'enfant et concourir par sa production
à la légitimation de ce dernier ? Jamais. Cet acte change de
caractère ; sa nullité de fait, ignorée de tous, se transforme
en nullité de droit du moment que l'inceste apparaît ; il est
frappé d'un vice radical et la célébration du mariage ne peut
valider une reconnaissance faite en un temps où il ne pouvait
être question de légitimer cet enfant.

Que dit, en effet, l'article 331 nouvel alinéa 1 : les enfants
nés hors mariage pourront être légitimés par le mariage
subséquent de leurs père et mère, lorsque ceux-ci « les
auront légalement reconnus » avant leur mariage ; ceci
suppose qu'un lien légal rattache l'enfant à l'un et à l'autre
de ses auteurs. Si nous nous souvenons que le législateur
exige, pour valider ce lien, qu'il soit établi en vue de la légi-

timation, comment soutenir que l'initiative isolée d'un des parents de l'enfant dont l'autre peut être marié, décédé, interdit pour cause de démence, sera l'indice de projets d'union ? Il ne peut pas y avoir de présomption de mariage entre personnes qui ne se connaissent pas ou qui veulent s'ignorer, ce qui résulte d'une reconnaissance unilatérale. Et comme toute reconnaissance en vue de la légitimation n'est, en somme, qu'une reconnaissance en vue du mariage dont la légitimation sera la conséquence, elle ne pourra se déduire que du concours du père et de la mère dans le même acte ou dans deux actes séparés réfléchissant l'un sur l'autre par l'étroite corrélation des mentions qu'ils contiendront.

De la participation des auteurs de l'enfant à la confection de la reconnaissance va s'ensuivre la constatation de leur capacité à contracter leur union. On ne recevra la reconnaissance des père et mère que si leur mariage est possible : ils devront ainsi répondre, au moment où elle sera consentie par eux, aux conditions naturelles d'aptitude au mariage (ne parlons pas de la puberté qui se conçoit, mais de la sanité d'esprit qui pourrait faire défaut), ensuite être à l'abri des prohibitions fondées sur des causes particulières, comme l'existence d'un mariage non encore dissous, ou, ce qui touche plus particulièrement notre cas, l'existence d'un lien de parenté ou d'alliance au degré prohibé.

Et voilà ainsi que se dégage la deuxième condition qu'à notre sens le nouvel article impose pour que la reconnaissance soit faite en vue de la légitimation : le père et la mère doivent être aptes à contracter mariage, c'est-à-dire être libres et déjà munis de la dispense sans laquelle aucune union de parents ou d'alliés ne peut se réaliser.

On comprendra alors qu'en pratique très peu de temps

s'écoulera entre la reconnaissance de l'enfant et la célébration du mariage : recevoir la reconnaissance de l'enfant sans
la présentation de dispenses, voilà qui serait violer l'article 335, puisque les mariages ne peuvent se contracter sans
elles et que la reconnaissance apparaîtrait ainsi comme
pure et simple, voilà surtout ce qui serait exposer l'enfant
aux changements toujours possibles des projets de ses
auteurs.

La dispense obtenue et la reconnaissance de l'enfant faite,
il est probable que le mariage des parents aura lieu et que
l'enfant sera légitimé.

Nous devons, cependant, même dans ce système qui nous
semble découler des dispositions de la loi, nous soucier de
la solution à intervenir au cas où un intervalle assez long
séparera le jour où la double reconnaissance aura été reçue
du jour de la célébration du mariage.

Nous nous refusons à faire dépendre la validité de la
reconnaissance de la réalisation du mariage, à ne priver tout
intéressé du droit d'en attaquer la nullité que tant que cette
union est possible car une telle théorie a pour conséquence
de faire tomber de plein droit la reconnaissance le jour où
la possibilité de mariage disparaît et de donner ouverture à
l'action en nullité dont les tiers furent, pendant un temps,
dépossédés.

La stabilité de l'état des personnes exige qu'il ne soit pas
exposé aux phases diverses des événements; bonne ou mauvaise, l'enfant doit avoir une place nettement définie dans la
société. Si l'état est au-dessus de la volonté des particuliers,
il est des cas limitativement déterminés où la loi attache un
effet juridique à la volonté des parties. La reconnaissance en
vue de la légitimation d'un enfant incestueux par ses père et
mère est un de ceux-là : telle que nous la concevons, il y a

de sérieuses garanties qu'un tel accord ne soit pas le résultat de la malice ou de la fraude.

Nous prétendons ainsi que la distinction établie par le législateur de 1907 entre la reconnaissance pure et simple et la reconnaissance à fin de légitimation aboutit aux conséquences suivantes qu'il aurait pu explicitement déduire : « Jusqu'ici, toute reconnaissance d'enfants incestueux était prohibée par l'article 335 du Code civil ; désormais nous établissons une exception : la reconnaissance de ces enfants sera admise chaque fois qu'elle sera faite en vue d'une légitimation que seule rendra probable la disparition de tout obstacle au mariage des parents ».

Système illogique, nous en convenons, mais qui seul permet d'admettre une reconnaissance d'enfant incestueux antérieure au mariage, système qui entraîne l'abrogation partielle de l'article 335 du Code civil dont le législateur pensait maintenir la lettre, qui permet — innovation étrange — de recevoir la preuve directe d'une filiation entachée d'un vice que la loi a voulu jusqu'ici ignorer, qui aggrave singulièrement le sort de l'enfant, objet des libéralités de ses auteurs dès lors sujettes à la réduction de l'article 908 du Code civil contre laquelle l'enfant ne sera pas recevable à s'élever puisque la reconnaissance dont il sera l'objet est prévue et autorisée par la loi.

N'exagérons cependant pas l'inopportunité d'une telle mesure : sans doute, le sort de l'enfant incestueux reconnu par ses père et mère en vue d'une légitimation qui ne se réalisera pas par suite d'un événement mettant obstacle à leur mariage est, théoriquement, plus fâcheux que la situation qui eût pu lui être faite si, conformément à l'ancien sens de l'article 335, aucune reconnaissance ne l'avait rattaché à ses auteurs.

Les adversaires de cette opinion reviendront sur l'incapacité dont la loi frappe dans ce cas les enfants incestueux, mais cet argument s'appuie-t-il pratiquement sur des raisons sérieuses? Dans notre conception, l'enfant sera reconnu à un moment où la réalisation du mariage ne sera qu'une question de jours; si l'union ne se fait pas, c'est que les père et mère se seront montrés légers, négligents ou coupables. L'enfant pourra-t-il alors attendre beaucoup d'auteurs qui, à la veille d'asseoir sa situation, auront reculé par défaut d'entente ou égoïsme devant la régularisation de leurs liens : le droit aux aliments, seule concession que la loi lui accorde, mettra ces parents coupables qui n'auraient sans doute rien fait pour lui, dans l'obligation d'alléger la situation lamentable ou leur incurie l'aura figé. La mort de l'un des auteurs sera par conséquent le seul événement où les partisans de la théorie favorable au maintien absolu de l'article 335 verront le caractère incestueux de la filiation nuire gravement à l'enfant. Dans cette espèce, on peut supposer que les père et mère auront sans doute tout fait pour contracter mariage et que leur vif désir eût été de favoriser le plus possible leur enfant. C'est assurément là une conséquence regrettable de la loi nouvelle, corrigée, il est vrai, par cette constatation dernière qu'en fait, fort peu d'enfants seront reconnus dans des conditions semblables à celles qui font l'objet du présent examen.

Cette partie de notre étude sur la légitimation des enfants incestueux sous le régime de la loi de 1907 nous a ainsi amené à constater que le législateur, tout en consacrant la jurisprudence, a modifié sans que le besoin s'en fît sentir les conditions imposées par elle à ces enfants. En laissant subsister pour eux les formes admises pour la légitimation de la filiation naturelle simple, la loi met entre les mains des parents des armes dont il ne sera pas sage d'user.

La reconnaissance des enfants incestueux antérieure au
mariage, telle qu'elle apparaît dans le nouvel article 331,
présente beaucoup plus d'inconvénients que d'avantages. Le
législateur ne devait admettre que la reconnaissance dans
l'acte même de célébration et alors introduire dans l'article 335 du Code civil le correctif proposé par M. Groussier
qui ne laisse plus subsister l'évidente opposition de ces deux
textes.

Reviendra-t-on sur ces difficultés? Nous ne le pensons pas.
La reprise du projet primitif de MM. Violette et Steeg, le
6 juin 1908, laisse entier ce problème important. La clarté
que doit avoir toute loi française exige cependant le choix
entre deux réformes : ou supprimer l'inutile et dangereuse
rconnaissance des enfants incestueux antérieure au mariage
et signaler dans l'article 335 la possibilité de reconnaissance de ces enfants dans l'acte de célébration, ou bien, ce
qui selon nous serait plus hardi mais plus juste, ne maintenir dans l'article 335 que la prohibition de reconnaissance
pure et simple, faciliter la reconnaisssance à fin de légitimation ce qui nécessitera, pour remédier au danger d'une telle
preuve légale lorsque le mariage des parents ne sera pas
conclu, la concession aux enfants incestueux des droits dont
jouissent les enfants naturels simples.

Grosse question assurément qu'un avenir prochain devra
résoudre.

SECTION II

La légitimation des enfants adultérins sous le régime de la loi du 7 novembre 1907.

CHAPITRE PREMIER

EXPOSÉ DE LA LOI

La loi du 7 novembre 1907, sous le couvert d'une disposition très large contenue dans le premier alinéa du nouvel article **331** dont nous connaissons les termes, n'autorise qu'à titre purement exceptionnel la légitimation des enfants issus de l'adultère.

Opposé sur ce terrain à la Chambre des députés dont le principe était d'assurer le plus possible l'égalité de tous les enfants devant la loi, le Sénat, craignant de désorganiser la famille et de faciliter le désordre des mœurs, a sérié, catalogué — sans trop de méthode — les fruits des relations adultérines comme si l'origine de ces enfants n'était pas entachée d'un même vice et ne réflétait pas les mêmes passions et d'égales faiblesses. C'est cet esprit qui a présidé à l'élaboration de la loi; l'analyser, ce sera le combattre.

Le grand principe qui éclaire notre matière est que tout enfant conçu pendant la durée du mariage est couvert par la présomption légale qui lui attribue pour père le mari de celle qui lui a donné le jour. Le législateur de **1907** ne veut pas porter atteinte à la règle *pater is est...* (c'est du moins ce qu'il a cru réaliser); peu importe que le vice d'adultérinité entache la filiation de l'enfant si ce vice n'apparaît pas : il ne dépendra de la mère de renverser un criterium qui fait le fondement de la famille légitime.

Pour éviter ainsi tout conflit entre la présomption légale de paternité du mari et la tendance possible à faire déclarer l'enfant adultérin en vue d'une légitimation qui lui serait favorable, la loi va limitativement déterminer les cas où elle concède ce bénéfice. Sera susceptible d'être légitimé : 1° tout enfant désavoué pour cause d'impossibilité physique ou morale de cohabitation (art. 312 et 313, al. 1. C. civ.); 2° tout enfant dont la conception se place pendant le cours de l'instance en divorce ou en séparation de corps dans laquelle son auteur est engagé avec son conjoint (art. 313, al. 2); 3° tout enfant issu d'un père ou d'une mère séparé de corps alors que sa conception a eu lieu entre le jour où le jugement de séparation est devenu définitif et celui où la séparation cesse, soit par la réconciliation des époux, soit par la dissolution du mariage pour cause de mort ou de conversion du jugement de séparation de corps en jugement de divorce (art. 310 C. civ. modifié par la loi du 6 juin 1908).

C'est ce qu'a nettement expliqué le rapporteur de la commission du Sénat, M. Chaumié, après avoir combattu le projet adopté par la Chambre : « Il s'agit, par exemple, dit-il, d'un enfant adultérin désavoué par le mari, et dont les père et mère, malgré le divorce prononcé contre celle-ci, n'ont pu se marier ensemble à cause de l'obstacle que leur opposait l'ancien article 298 C. civ.

» Il s'agit encore d'un enfant né de relations intervenues entre un homme et une femme dont l'un était engagé dans les liens du mariage, liens non encore juridiquement rompus mais relâchés cependant, soit par la séparation de corps, soit par le commencement de la procédure souvent très longue de divorce. Ces liens venant enfin à être brisés, soit par le divorce, soit par le décès de l'autre conjoint, il est juste de permettre à cet homme et à cette femme, qui, désormais, vont pouvoir se marier, de légitimer cet enfant ; il serait inhumain de le leur interdire ; et, bien des fois, la possibilité de donner un état civil à l'enfant né d'eux sera le motif le plus puissant pour les déterminer à régulariser leur situation et à fonder un foyer légitime.

» Bien des circonstances de fait en dehors de celles-ci pourraient sans doute être imaginées et présenter des aspects fort intéressants ; mais en dehors du cas de désaveu, ou bien de conception au cours d'un état de séparation de corps ou d'instance en divorce, si le vice d'adultérinité venait de la mère, la légitimation se heurterait au principe de la règle *pater is est...* et le conflit soulèverait les difficultés les plus graves. Si le vice d'adultérinité provenait du père, il serait presque impossible de formuler un texte assez précis pour qu'il pût à la fois éviter les inconvénients inacceptables dont l'un a été plus haut signalé et favoriser les circonstances de fait dignes d'intérêt » [1].

Voici donc délimité le cadre de la loi ; nous allons, dans cette deuxième section, en aborder l'exposé non sans reprendre l'énumération donnée par M. Chaumié dans ses développements de préférence à l'ordre suivi par la loi, la simplicité du nouvel alinéa **3** nous invitant à traiter en second lieu la matière de l'alinéa **2** qui vise un cas plus complexe.

---

[1] Rapport de M. le sénateur Chaumié, du 20 juin 1907, Annexe n. 166, *J. off.* du 23 octobre 1907, p. 140.

§ 1. **Tout enfant né pendant le mariage** et désavoué par le mari pourra **être légitimé par le mariage subséquent de la mère avec son complice** (nouvel alinéa 3 de l'art. 331 C. civ.).

Le nouvel alinéa 3 de l'article 331 du Code civil permet à l'enfant, né au cours du mariage et dont la filiation adultérine est constatée par un jugement rendu sur une demande en désaveu de paternité, d'être légitimé par le mariage que sa mère, après la dissolution de sa première union, contractera avec l'homme qui s'en reconnaît le père.

L'hypothèse est très simple. Une femme mariée, de ses relations coupables avec un amant, a un enfant dont la conception se place pendant la durée du mariage ; celui-ci, couvert par la présomption de paternité du mari, naît légitime et ne saurait en aucun cas profiter d'une légitimation qui changerait son état. Admettons que la mère veuille convoler avec l'homme des œuvres duquel elle a eu cet enfant ; la reconnaissance que la mère et son second mari feraient de ce dernier serait absolument nulle. Pas de conflit possible entre la règle *pater is est* et la constatation d'une filiation adultérine dans l'espoir de faire bénéficier l'enfant de la légitimation. La loi de 1907 exige donc que l'enfant présumé légitime, bien qu'en fait issu de l'adultère, soit désavoué par le mari de la mère : désormais un lien légal le rattache seulement à celle-ci, et devenue veuve ou ayant divorcé, la mère légitimera cet enfant par son second mariage, qu'il soit valable ou seulement putatif.

Deux conditions imposées pour la légitimation de l'enfant né au cours du mariage ressortent ainsi du texte : cet enfant doit être désavoué et le mariage que ses père et mère contracteront doit être précédé ou accompagné d'une reconnaissance dont il sera de leur part l'objet.

Sur le premier point, la loi du 7 novembre 1907 parle

seulement de l'action en désaveu introduite par le mari de la mère; c'est l'hypothèse courante. Il peut cependant se faire que le mari meure *pendente lite* et que ses héritiers (art. 317 C. civ.) poursuivent l'instance ainsi commencée. Il arrivera encore que la mort du mari se produise en un moment où il était dans le délai utile pour agir et où il n'avait pas renoncé à cette instance; les héritiers pour lesquels l'action en désaveu devient un droit essentiellement pécuniaire exerceront peut-être cette action qui offrira pour eux un certain intérêt. L'enfant ainsi désavoué par décision rendue sur la demande des héritiers bénéficiera-t-il du nouveau paragraphe 3 de l'article 331 ? Nous le pensons, car cette opinion répond à l'esprit de la loi et tout porte à croire que ses rédacteurs ont statué *de eo quod plerumque fit*.

Cette solution nous met cependant aux prises avec des difficultés sérieuses. Il est certain que le jugement de désaveu rendu aux poursuites et diligences du mari et de tous ses héritiers revêt un caractère absolu et son autorité s'impose *erga omnes*, le débat s'étant lié entre toutes les personnes appelées par la loi à tenir le rôle de demandeur et celui de défendeur. Tout autre sera le caractère de la décision judiciaire prononcée sur la poursuite de quelques-uns seulement des héritiers : il ne peut avoir que l'autorité relative et il n'y aura dès lors chose jugée qu'à l'égard de ceux qui auront été parties au procès.

Supposons que la mère d'un enfant désavoué à la suite de l'instance ouverte par quelques-uns des héritiers du mari épouse son complice : la loi du 7 novembre 1907 permet-elle à l'enfant d'être légitimé par le second mariage? D'un côté, au regard des héritiers qui auront intenté l'action en désaveu et obtenu gain de cause, l'enfant apparaît comme adultérin; d'un autre côté, au regard des héritiers qui sont

restés étrangers au procès, l'enfant n'a pas perdu la qualité
d'enfant légitime de la femme et du défunt.

Dans le silence de la loi, nous croyons que cet enfant ne
pourra pas être légitimé par le mariage de ses père et mère :
n'ayant pas été complètement exclu de la famille légitime, il
est censé lui appartenir encore dans ses rapports avec les
héritiers qui sont restés dans l'inaction et il usera contre eux
des prérogatives attachées à la filiation légitime. Pour obvier
par conséquent aux dangers de cette situation complexe, la
prudence exigera l'appel en cause de tous ceux qui ont qualité pour intervenir aux débats.

⚓ En second lieu, pour que l'enfant adultérin puisse bénéficier de la légitimation que lui procurera l'union de ses père
et mère, la loi exige que sa filiation soit légalement établie à
l'égard de ses auteurs par une reconnaissance antérieure au
mariage ou contenue dans l'acte de célébration.

De ces deux formalités la seconde sera de beaucoup la plus
fréquente, d'autant que la reconnaissance dans l'acte authentique de mariage peut être conçue en termes simplement
énonciatifs à la condition qu'il n'y ait aucune équivoque sur
la volonté des parents.

Quant à la reconnaissance antérieure au mariage, le nouvel alinéa 1 de l'article 331 l'admet formellement et le législateur ne fait dépendre sa validité que d'une condition dont
nous n'avons pas parlé pour la reconnaissance insérée dans
l'acte de mariage parce qu'elle y est remplie : il faut qu'elle
ait été faite en vue de la légitimation dont elle est un des
éléments.

Cette formalité que la loi prévoit conduit à des difficultés
d'application semblables à celles que nous avons déjà ren-
contrées dans l'étude de la légitimation des enfants incestueux : l'article 331 inaugure une formalité que l'article 335

prohibe; c'est là un sujet de controverses graves sur lesquelles nous reviendrons au chapitre suivant.

Par ailleurs la nécessité d'une double preuve légale ratta-
chant l'enfant à l'un et à l'autre de ses auteurs nous apparaîtra comme une prescription inutile au regard de la mère.

§ II. Tout enfant né plus de trois cents jours après l'ordonnance du président du tribunal prévue par l'article 878 du Code de procédure civile intervenue entre celui de ses auteurs qui était antérieurement dans les liens d'un précédent mariage et son conjoint, sera susceptible d'être légitimé lorsque cette procédure aura abouti soit au divorce, soit à la séparation ou aura été interrompue par le décès de l'autre conjoint.

Après avoir accordé, dans le nouvel alinéa 3 de l'article 331, le bénéfice de la légitimation aux enfants dont la filiation adultérine a été établie par un jugement qui a admis l'action en désaveu du mari, pour cause d'impossibilité physique ou morale de cohabitation (art. 312, 313 al. 1 C. civ.), le législateur le concède à une deuxième catégorie d'enfants adultérins : ce sont les enfants dont la conception se place au cours d'une instance en séparation de corps ou en divorce dans laquelle leur auteur est engagé avec son conjoint.

Pour ces derniers, le nouvel alinéa 2 de l'article 331 s'exprime ainsi : « *Pourront être légitimés par le mariage subsé-*
» *quent de leurs père et mère, et dans l'acte même de célébra-*
» *tion, ceux qui seront nés plus de 300 jours (trois cents*
» *jours) après l'ordonnance du président du tribunal prévue*
» *par l'article 878 du Code de procédure civile intervenue*
» *entre celui de leurs auteurs qui était antérieurement dans*
» *les liens d'un précédent mariage et son conjoint, lorsque*
» *cette procédure aura abouti à la séparation de corps ou au*
» *divorce ou aura été interrompue par le décès de l'autre con-*
» *joint* ».

Ce texte, dont la longueur confuse dit assez la difficulté éprouvée par ses rédacteurs, prévoit le cas d'un enfant né plus de 300 jours après l'ordonnance du président du Tribunal civil autorisant l'époux demandeur en séparation de corps ou en divorce à prendre un domicile séparé.

D'après les présomptions légales sur lesquelles nous nous sommes étendu au début de cette étude, le délai de 300 jours, durée maxima de la gestation, nous permet de placer sans conteste la conception de l'enfant postérieurement à l'ordonnance, c'est-à-dire à une époque où, relevés du devoir de cohabitation, les époux faisaient ménage à part. Tout porte à croire que cet enfant est issu des rapports qui se sont noués entre l'un des époux, le mari ou la femme, la loi ne fait ici aucune distinction, et une autre personne; l'enfant est donc adultérin par la date de sa conception. « Si le divorce ou la séparation est prononcé entre les deux époux, ou si le conjoint de l'auteur de l'enfant décède au cours de l'instance, l'enfant sera légitimé par le mariage que l'époux dont il est issu contractera ensuite avec l'homme ou la femme à l'égard duquel sa filiation sera établie par une reconnaissance contenue dans l'acte même de célébration » (¹).

Le texte prévoit ainsi deux hypothèses : le vice d'adultérinité peut provenir du père marié et en instance de séparation de corps ou de divorce ou de la mère mariée demanderesse ou défenderesse dans l'une de ces actions; c'est ce qui ressort des termes mêmes du législateur qui envisage la situation des enfants adultérins par rapport à « celui de leurs auteurs » retenu dans les liens du mariage, mais le tort de la commission du Sénat qui a assumé la responsabilité de cette rédaction, est d'avoir englobé deux cas très dif-

(¹) Baudry-Lacantinerie, I, p. 1030.

férents, qui auraient nécessité des textes distincts et d'avoir
ainsi multiplié des obscurités évitables. Nous serons appelé
à différencier de façon très nette les conséquences du vice
d'adultérinité provenant du père de celles du vice d'adultérinité provenant de la mère lorsque nous étudierons la
répercussion de la loi du 7 novembre 1907 sur le Code civil,
mais nous devons, pour l'instant, nous borner à donner les
solutions qui découlent de cette loi.

Elles répondent aux deux hypothèses signalées plus haut
et qu'il nous faut examiner :

1° Un homme marié en instance de séparation de corps ou
de divorce a des relations avec une femme libre. Celle-ci met
au monde un enfant dont la naissance a lieu plus de trois
cents jours après l'ordonnance rendue aux termes de l'article 878 du Code de procédure civile. La mère peut évidemment reconnaître son enfant, car elle est libre de tout lien,
mais l'article 335 du Code civil défend au père de faire une
reconnaissance qui tendrait à la preuve légale d'une filiation
adultérine, puisque cet homme est marié et que dans ce cas
cette reconnaissance ne pourrait légalement avoir pour but
la légitimation de l'enfant. Si, la dissolution du mariage se
produisant par la mort de sa femme ou par le divorce, le père
contracte mariage avec la mère et reconnaît avec celle-ci l'enfant dans l'acte même de célébration, cet enfant sera légitimé.

2° Une femme mariée, au cours de l'instance en séparation
de corps ou en divorce, entretient des relations avec un
homme libre ; plus de 300 jours après que le président du
tribunal civil l'a autorisée à avoir une résidence séparée, elle
met au monde un enfant. En supposant que le mariage soit
dissous par le divorce ou que le mari succombe au cours de
l'instance ou après le jugement de séparation de corps et
que la mère épouse son complice, l'enfant sera légitimé.

Voici les deux espèces que nous tirons du texte de la loi, mais il est tout à côté deux autres hypothèses, un peu différentes quoique découlant des premières, que nous devons envisager :

L'homme marié, en instance de séparation de corps ou de divorce, entretient des relations adultères avec une femme mariée ; la femme mariée, au cours de l'instance en séparation de corps ou en divorce, a un commerce coupable avec un homme marié : quelles solutions vont intervenir dans ces troisième et quatrième hypothèses ?

3° Il peut se faire, en effet, que malgré l'irrégularité de sa conduite, la mère, avec laquelle l'homme marié en instance de séparation de corps ou de divorce a des relations, soit sensée vivre avec son mari et qu'aucune procédure tendant au relâchement ou à la dissolution du lien conjugal n'ait été entamée par elle ou celui-ci ; il se peut, au contraire, que cette procédure suive son cours pendant le temps de ses relations coupables avec son amant. On comprend aisément le sort différent fait à l'enfant, selon les circonstances, au cas où ses père et mère, devenant libres, voudront le légitimer.

Nous sommes ainsi conduit à examiner : A) le cas où la femme n'étant pas en instance de séparation de corps ou de divorce, cet enfant est ou n'est pas désavoué par le mari ; B) celui où la conception de cet enfant se place au cours de l'instance introduite par la mère ou le mari de celle-ci.

A) Si la femme mariée n'était pas en instance de séparation de corps ou de divorce au moment de la conception de l'enfant issu, nous l'avons supposé, des œuvres de son amant, la situation de cet enfant ne peut être l'objet d'aucune discussion. Né au cours du mariage, il est couvert par la présomption *pater is est*, il est réputé légitime et si le mari (ou à défaut les héritiers du mari) n'exerce pas dans les délais voulus l'action en désaveu, le sort de l'enfant est définitivement fixé et sa légitimité est irrévocable. Devenue libre, la mère épousant son complice ne pourra pas changer l'état de de son enfant et celui-ci, dans l'impossibilité d'être légitimé, devra garder le père que la loi lui a donné.

Toute différente sera la solution, au cas de désaveu par le mari de la mère ou par les héritiers du mari : l'enfant est exclu de la famille légitime à laquelle il était présumé appartenir, il devient étranger au mari de sa mère et apparaît adultérin ; il pourra dès lors être légitimé puisqu'il répond déjà, du côté de son père, aux exigences du nouvel alinéa **2** de l'article **331** que nous étudions, satisfait, du côté de sa mère, aux termes de l'alinéa **3** de ce même article, et appartient à la première catégorie des enfants adultérins parce que désavoué par le mari de celle-ci.

B) La mère était elle-même en instance de séparation de corps ou de divorce au moment de la conception de son enfant : ceci nous ramène à l'application de la règle commune au père et à la mère édictée par l'alinéa **2** de l'article **331**.

4° Au cas où la mère en instance de séparation de corps ou de divorce a conçu son enfant des œuvres d'un homme marié, la légitimation de cet enfant ne sera possible que si ce dernier était, à cette époque, séparé de corps ou engagé dans une instance en séparation de corps ou en divorce.

Ce simple exposé nous permet maintenant de revenir sur les conditions imposées par le législateur à cette deuxième catégorie d'enfants adultérins pour qu'ils bénéficient de la légitimation par le mariage subséquent de leurs parents. D'abord la loi exige que l'enfant puisse placer sa conception pendant une période déterminée de l'instance en séparation de corps ou en divorce dans laquelle l'un au moins de ses auteurs est engagé ; ensuite qu'il soit reconnu par ses père et mère dans l'acte même de célébration.

En ce qui concerne la première de ces conditions, la loi détermine les débuts et la fin de la période ; le point de départ est fixé au jour où le président du Tribunal rend l'ordonnance de non-conciliation prévue par les articles 236 du Code civil et 878 du Code de procédure civile, aux termes de laquelle il assigne aux époux une résidence séparée ; son terme est déterminé par trois événements restrictivement spécifiés qui mettront fin à l'instance : le jugement de séparation de corps, le jugement de divorce, l'interruption de l'instance par la mort de l'autre conjoint. Ces trois derniers événements, en supposant que l'enfant soit né plus de 300 jours après l'ordonnance, concourent ainsi à donner à ce dernier la qualité d'enfant adultérin. Ceci est exact dans le cas où la procédure se termine par un jugement de sépation, mais si elle aboutit à un jugement de divorce ou si elle est interrompue par la mort du conjoint, la loi sous-entend une autre condition : il faut que cet enfant naisse moins de 180 jours depuis que l'une ou l'autre de ces circonstances s'est produite. Né plus de 179 jours après la dissolution du mariage, l'enfant peut prétendre, par application des règles édictées en matière de présomptions légales, à la qualité d'enfant naturel simple qui exclut l'application du nouvel alinéa 2 de l'article 331.

Cette remarque faite, il résulte des dispositions limitatives de la loi du 7 novembre que la légitimation ne pourra se produire si la demande en séparation de corps ou celle de divorce a été repoussée ou si les époux se sont réconciliés.

Il est certain qu'une telle solution étonne par son étroitesse. Que l'instance donne le résultat attendu par les parties ou leur cause la déception de les replacer dans la situation

où elles se trouvaient avant son introduction, que la volonté
de rompre la vie commune ait fait place au désir de renouer
le lien conjugal, la situation des époux n'en a pas moins été,
pendant la longue durée de l'instance, celle de personnes
affranchies du devoir de cohabitation et pour lesquelles les
fautes commises sont toujours excusables. Dans tous les cas,
l'enfant a été conçu pendant la séparation de fait. S'il est issu
des œuvres du mari et d'une femme libre : le caractère de la
filiation est nettement adultérin; pourquoi la loi refuse t-elle
à cet enfant la légitimation bienfaisante dont il pourrait plus
tard bénéficier par la réalisation du mariage de ses père et
mère? S'il est né des œuvres de la femme, quel sera le sort
de cet enfant? Est-il désavoué de plein droit et rentre-t-il
alors dans une catégorie spéciale d'enfants adultérins à qui,
par une monstrueuse injustice, le législateur de 1907 refuse-
rait la légitimation ou doit-on le considérer comme légitime
de la mère et du mari de celle-ci?

Cette dernière question est d'une extrême importance et
sera le siège des plus grosses controverses.

La seule lecture des nouveaux alinéas **2** et **3** de l'article
331 fait apparaître l'opposition très vive que la loi a établie
entre l'enfant désavoué par le mari et celui qu'une femme
mariée a conçu pendant une instance en séparation de corps
ou en divorce. L'un reste protégé par la présomption de paternité du mari et ne peut être légitimé tant qu'un jugement de
désaveu ne l'a pas exclu de la famille légitime. L'autre, au
contraire, est légitimable sans qu'il y ait lieu de le désavouer
comme adultérin de plein droit dès qu'il a été conçu plus de
trois cents jours après l'ordonnance du président, à condition
toutefois — condition essentielle — que le procès où est engagé
son auteur se termine par le prononcé de la séparation de corps
ou du divorce ou soit interrompu par la mort du conjoint.

Sans avoir subi de modifications, l'art. 313 al. 2 (¹) perd ainsi la portée de son sens primitif : alors que la présomption de paternité du mari ne cessait pas au jour de l'ordonnance qui fixe un domicile séparé à l'époux demandeur, désormais aux termes de la loi du 7 novembre 1907, elle tombe et l'enfant conçu au cours d'instance est assimilé à celui qui serait conçu après la dissolution du mariage avec cette distinction que, conçu pendant l'union et réputé étranger au mari de sa mère, il est adultérin.

Il s'agit dès lors de savoir si, par application de la loi de 1907, tout enfant conçu trois cents jours après l'ordonnance est, par la seule date de sa conception, sans qu'il y ait lieu de considérer l'un quelconque des événements ultérieurs qui mettront fin à l'instance, adultérin de plein droit : c'est l'abrogation tacite de l'art. 313 al. 2; ou si, en exécution de cette loi, seront seuls réputés adultérins de plein droit les enfants susceptibles d'être légitimés et qui, par conséquent, ont été conçus postérieurement à l'ordonnance qui a marqué le début d'une instance terminée par l'un des trois événements mentionnés limitativement par le législateur de 1907 : c'est alors seulement restreindre la portée de l'art. 313 al. 2.

Le rapporteur du Sénat ne nous a rien dit à ce sujet et force nous est, pour dégager la solution adoptée par le législateur, — reportant à plus tard les controverses — de nous inspirer une fois encore de l'esprit de la loi. Le principe à appliquer ici sera très large : « Il est bien entendu que cette loi destinée, de l'aveu unanime, à améliorer la situation des

---

(¹) Art. 313 al. 2 (L. 18 avril 1886) : « *En cas de jugement ou même de demande soit de divorce, soit de séparation de corps, le mari peut désavouer l'enfant né trois cents jours après la décision qui a autorisé la femme à avoir un domicile séparé, et moins de cent quatre-vingts jours depuis le rejet définitif de la demande ou depuis la réconciliation* ».

enfants adultérins ne peut en une mesure quelconque la rendre pire » (¹).

Or, que l'enfant conçu au cours d'une instance en séparation de corps ou en divorce et dont les père et mère sont devenus libres par la dissolution du mariage, soit considéré, en vue de faciliter sa légitimation, comme adultérin sans désaveu préalable, rien de plus juste : c'est la simplification d'une procédure dont le législateur a voulu réduire les phases. Au point de vue pratique, en effet, assurer la légitimation de l'enfant par la seule production de l'acte de naissance de ce dernier, de l'ordonnance du président et d'une copie de la transcription du jugement ou de l'arrêt prononçant le divorce ou de l'acte de décès du conjoint du futur antérieurement marié, c'est chose normale et il était inutile de faire dépendre le sort de cet enfant d'une action en désaveu qui s'impose d'autant moins que le caractère adultérin de la filiation ne fait aucun doute.

Mais, faire d'un enfant conçu après l'ordonnance alors que le procès en séparation a été repoussé ou que son auteur s'est réconcilié avec son conjoint, un enfant adultérin de plein droit qui se voit refuser la légitimation, ce serait de l'injustice. Si le législateur de 1907 n'entend pas aggraver le sort des enfants adultérins — ce qu'il n'a pas toujours réalisé, — accordons-lui tout au moins qu'il n'a pas voulu faire adultérin l'enfant qui jusqu'ici a été temporairement tenu pour légitime, et cela se conçoit mieux encore si l'on songe que, probablement désavoué par le mari ou ses héritiers, l'enfant pourra user de la légitimation accordée par l'alinéa 3 de l'article 331.

Vous laissez, nous dira-t-on, pendant le cours de l'ins-

____

(¹) Rapport de M. Violette. Séance du 30 octobre 1907. Annexe 1281, *J. off.*, *Doc. parl.*, Chambre, 27 février 1908.

Raymond   10

tance, l'état de cet enfant en suspens? Nous verrons lors de la discussion de la loi ce qu'il faut penser de cette objection.

§ III. **Tout enfant issu d'un père ou d'une mère séparé de corps et dont la conception se place entre le jour où la séparation est devenue définitive et celui où elle cesse soit par la réconciliation de l'un ou l'autre auteur avec son conjoint, soit par la dissolution du mariage, pourra être légitimé.**

Malgré le silence de la loi, la légitimation doit encore être admise en faveur d'une troisième catégorie d'enfants adultérins : ce sont ceux qui sont conçus d'un père ou d'une mère séparés de corps, c'est-à-dire pendant la période comprise entre le jour où la séparation est devenue définitive et celui où elle cesse, soit par la réconciliation des époux (art. 311 C. civ.), soit par la dissolution du mariage résultant de la conversion du jugement de séparation de corps en jugement de divorce (art. 310, L. 6 juin 1908) ou du décès du conjoint.

M. Chaumié, rapporteur de la loi au Sénat, a pris soin de souligner cette hypothèse lorsqu'il a distingué les cas où les considérations invoquées en faveur de la légitimation des enfants adultérins gardaient leur force, des cas que la morale réprouvait. Il s'est alors expliqué sur le sort de l'enfant « né de relations intervenues entre un homme et une femme dont l'un était engagé dans les liens du mariage, liens non encore juridiquement rompus, mais relâchés cependant *soit par une séparation de corps,* soit par la procédure souvent très longue d'une instance en divorce. Ces liens venant enfin à être brisés soit par le divorce, soit par le décès de l'autre conjoint, il est juste de permettre à cet homme et à cette femme qui, désormais, vont pouvoir se marier, de légitimer cet enfant; il serait inhumain de le leur interdire » ([1]).

([1]) Rapport de M. Chaumié, *Doc. parl.,* Sénat, *J. off.,* 23 oct. 1907.

Tel est l'esprit de la loi; d'ailleurs, les termes du nouvel alinéa 2 de l'article 331 eux-mêmes ont une portée générale qui permet de confondre dans les mêmes dispositions les enfants de cette dernière catégorie et ceux de la catégorie précédente, car ils visent l'enfant conçu plus de 300 jours après l'ordonnance du président qui a marqué le début de l'instance et cela s'applique tout aussi bien à l'enfant conçu après la séparation de corps. Sur un point, il est vrai, le texte prête à une objection que les paroles du rapporteur servent à détruire. Envisageant le cas de l'enfant né postérieurement à l'ordonnance, la loi semble ne permettre la légitimation, lorsque le mariage de l'auteur se dissout par la mort du conjoint, que si le décès de celui-ci survient en cours d'instance, ce qui exclurait les enfants dont le père ou la mère devient veuf après le jugement de séparation qui a mis fin au procès. Il faut voir là une défectuosité de rédaction qu'aucun argument ne justifierait.

L'enfant sera ainsi légitimé par le mariage subséquent de ses père et mère quel que soit celui des époux qui en est l'auteur, à condition d'être reconnu par eux dans l'acte de célébration. Si c'est le mari, il légitimera son enfant en épousant sa complice; si c'est la mère, l'enfant est désavoué de plein droit sans qu'il soit besoin d'intenter contre lui une action en désaveu.

A défaut de dispositions particulières, appliquons un raisonnement analogue à celui que nous formions dans le paragraphe précédent lorsqu'un enfant sera conçu d'un époux séparé de corps postérieurement à la réconciliation avec son conjoint : la loi ne se prête pas à la légitimation. Le mari a-t-il eu cet enfant avec une femme autre que la sienne? l'enfant est adultérin et n'entre dans aucune des trois catégories que nous avons étudiées; quant à l'enfant de la femme légitime issu des œuvres d'un tiers, il est couvert par la présomption *pater is est* et ne sera adultérin que s'il est désavoué : la légitimation devient alors possible par application du nouvel article 3 de l'article **331**.

Tels sont les cas restreints dans lesquels le législateur de 1907 a levé en faveur des enfants adultérins l'obstacle qui s'opposait à leur légitimation. En dehors de ces trois catégories d'enfants, la prohibition reste absolue.

Comme par le passé, « il sera fait mention de la légitimation en marge de l'acte de naissance de l'enfant légitimé » (nouvel al. 4 de l'art. **331**). Cette formalité prescrite par l'ancien article **331** (L. 17 août 1897) répond à une mesure d'ordre destinée à assurer et à faciliter la publicité des faits; elle n'est pas nécessaire à la validité de la légitimation qu'entraîne *ipso facto* le mariage à l'égard de l'enfant légalement reconnu. Cette disposition avait disparu de la rédaction primitive (¹), mais sa suppression du projet du Sénat n'avait été, paraît-il, que le résultat « d'une erreur de copiste » (²).

Nous allons maintenant, dans une étude critique, analyser l'argumentation superficielle et factice de la commission du Sénat qui a présidé à la composition d'une loi appelée à disparaître par suite des difficultés sans nombre que fera naître son application.

______

(¹) Voir la proposition de loi déposée au Sénat à la séance du 20 juin 1907, Annexe n. 166, *J. off.*, 23 oct. 1907, *Doc. parl.*, Sénat, p. 140-141.

(²) M. Chaumié. Séance du 24 octobre 1907, *J. off.*, 25 oct. 1907, *Déb. parl.*, Sénat, p. 953-954.

CHAPITRE II

DISCUSSION DE LA LOI

« La nouvelle rédaction de l'art. 331 est presque aussi injuste que l'ancienne puisqu'elle a de plus l'inconvénient d'être contradictoire et arbitraire ». Telle est, au lendemain du vote de la loi du 7 novembre 1907, l'opinion formulée par la commission de réforme judiciaire de la Chambre ([1]). A notre tour, abandonnant le terrain du fait, pour apprécier la valeur juridique de cette loi, nous estimons que c'est une œuvre incohérente et confuse. Nous allons nous efforcer, en l'analysant, de combler ses lacunes, d'éclaircir ses obscurités, de dégager sa portée et cela ne sera pas sans nous rendre compte que depuis son titre (dont nous avons constaté au premier chapitre l'inexactitude) jusqu'à la dernière de ses dispositions, le cadre est imparfaitement tracé : la loi de 1907 se ressent du flottement inhérent aux discussions hâtives et son moindre défaut est de déborder sur des textes anciens dont elle détruit tacitement, sans abrogation préalable, le sens primitif.

Le texte n'admet, nous l'avons vu, la légitimation que dans trois cas différents : 1° celui du désaveu ; 2° celui où l'enfant est né plus de 300 jours après l'ordonnance du président, préliminaire de toute action en divorce ou en séparation de corps ; 3° celui où l'enfant est conçu d'un auteur séparé de corps antérieurement à la réconciliation des époux ou à la dissolution du mariage.

« Un tel résultat est manifestement insuffisant. Le texte voté par la Chambre avait fait naître les espérances les plus

---

([1]) Annexe, n. 1309, *Doc. parl.*, Chambre, *Journ. off.* du 15 mars 1908, p. 261.

légitimes et la déception est immense parmi ceux qui atten-
daient avec une véritable angoisse — l'expression ne paraîtra
pas trop forte à tous ceux qui ont pu recevoir les doléances
des intéressés — le vote d'une disposition législative qui
s'inspirait de si évidentes considérations de justice et d'humanité.

» Aussi bien la loi nouvelle établit une contradiction trop
violente entre la situation des enfants adultérins dont la
légitimation devient possible, et ceux pour lesquels, au contraire, demeure interdit l'espoir de voir leur situation se
régulariser. De quel droit, en effet, distinguer entre les uns
et les autres » (¹)?

" Ce sont ces distinctions établies sans bases sérieuses qui
serviront à scinder en paragraphes distincts la discussion de
la loi ; elles répondent, du reste, à l'ordre déjà suivi pour son
exposé.

Cependant, avant de discuter en détail la portée des nouveaux alinéas 2 et 3 de l'article 331 du Code civil, signalons
une observation d'ordre général qui place l'ensemble de la
loi sous un jour nouveau parce que le principe qu'elle rappelle
fera renaître des controverses que l'on croyait éteintes.

Pour décider du sort de la proposition restrictive adoptée
par le Sénat et faciliter son vote par la Chambre, le rapporteur de cette assemblée, rappelant les espèces que M. Chaumié
avait voulu écarter, ajouta :

« Il est toutefois nécessaire de marquer que l'honorable
sénateur n'a pas visé le cas où les deux époux auraient la
faculté légale de se marier au moment de la naissance des
enfants que leur mariage postérieur doit légitimer. Conformément aux travaux préparatoires du Code civil, à la décla-

---

(¹) *Exposé des motifs*, séance du 30 nov. 1902, Annexe, n. 1309, *J. off.* du
15 mars 1908, *Doc. parl.*, p. 261.

ration de Bigot-Préameneu, et surtout à celle si précise et si
formelle du tribun Duveyrier au Corps législatif, dans cette
hypothèse la légitimation est possible » (¹).

Que devons-nous déduire de cette déclaration : l'enfant
est-il légitimé comme adultérin ou comme naturel simple?

Lorsque nous eûmes à définir la filiation adultérine, adoptant l'opinion dominante de la doctrine qui a cru respecter
l'esprit des rédacteurs du Code, nous nous sommes reporté
à l'époque de la conception de l'enfant d'où il suivait que si,
à ce moment là, les père et mère ou l'un d'eux n'étaient pas
libres, l'enfant serait adultérin, lors même qu'au moment de
sa naissance ils seraient devenus libres.

Or M. Violette reprend la thèse contraire et l'appuie de
l'autorité de Duveyrier qui s'attache au jour de la naissance
pour déterminer le sort de l'enfant; il semblerait, dès lors,
que la solution préconisée par l'ancien droit et combattue par
Pothier triompherait : l'enfant sera légitimé non plus comme
adultérin mais comme naturel simple si l'un des père et mère
marié au temps de sa conception s'est trouvé libre au moment
de la naissance par suite de la dissolution du mariage.

Ce serait le renversement du principe admis jusqu'alors et
qui, croyons-nous, subsiste d'autant que le législateur de 1907
s'est basé sur le moment où se place la conception de l'enfant
pour lui accorder ou lui refuser la légitimation. Nous pensons
plutôt que les paroles de M. Violette doivent être interprétées
dans le sens suivant : « Cet enfant est adultérin, mais comme
aucun obstacle ne s'oppose dès sa naissance au mariage de
ses père et mère il pourra être légitimé sans qu'on ait à tenir
compte des restrictions que la loi de 1907 a introduites ».

____

(¹) Rapport de M. Violette, séance du 11 octobre 1907, Annexe, n. 1281, *J. off.*,
Doc. parl., 27 fév. 1908, p. 38.

§ I

Il semble que pour deux époux qu'aucun indice apparent de mésintelligence ne vient séparer, un même respect du lien conjugal s'impose ; l'un comme l'autre n'a pas de raison de s'éloigner du foyer et les fautes que le mari ou la femme peut commettre en violation de leur union méritent une égale réprobation et devraient profiter d'une égale indulgence s'il y a place pour le pardon.

Et voici qu'en posant les bases de la réhabilitation de l'époux adultère par la légitimation de son enfant, le Sénat, ayant uniquement en vue l'intérêt de la société, a cru concilier tout à la fois le respect dû aux mœurs et la pitié qu'appelle toute faiblesse, en permettant seulement à l'enfant d'une femme mariée issu de l'adultère et désavoué par le mari, d'être légitimé.

Ainsi la loi veut éviter de donner « une sorte de consécration légale à l'état de bigamie » dans lequel vivrait un homme marié qui aurait des enfants d'une concubine et marque sa tolérance pour la polyandrie qui n'est pas moins rigoureusement interdite.

C'est ce qu'a mis en lumière la commission de la Chambre, parmi les critiques formulées contre la loi du 7 novembre 1907. Le Sénat a reproché au projet primitif de MM. Violette et Steeg de favoriser l'inconduite ; la Chambre a tenu à démontrer au Sénat que cette « objection, si elle était fondée, devait lui interdire de rapporter même le texte qui est aujourd'hui promulgué ».

Situation que créait le texte de la Chambre.

» Un homme marié entretient à côté de son ménage une liaison illégitime, au cours de laquelle des enfants lui naissent concurremment de sa femme et de sa maîtresse. Le mariage se dissout par la mort de la femme : le mari, devenu veuf, épouse sa maîtresse, et révélant alors, par la légitimation de ses enfants adultérins, l'existence de ses relations coupables, en même temps que la date de naissance de ses enfants légitimes atteste la continuité de ses relations conjugales, il donne une sorte de consécration légale à l'état de bigamie dans lequel il a vécu.

Situation créée par le texte du Sénat aujourd'hui promulgué.

» Une femme mariée entretient à côté de son ménage une liaison illégitime au cours de laquelle des enfants lui naissent concurremment de son mari et de son amant. Le mariage se dissout par la mort du mari : la femme, devenue veuve, épouse son amant et révélant alors, par la légitimation de ses enfants adultérins, l'existence de ses relations coupables, en même temps que la date de la naissance de ses enfants légitimes atteste la continuité de ses relations conjugales, elle donne une sorte de consécration légale à l'état de polyandrie dans lequel elle a vécu.

» Qui pourra expliquer la différence de situation dans l'un et l'autre cas ? Il est vrai que pour que la situation créée par le texte du Sénat puisse se présenter, il faudra que l'enfant soit désavoué, mais le désaveu n'est pas une hypothèse théorique. Les cas d'exercice de l'action en désaveu sont encore relativement très fréquents et la preuve en est la nombreuse jurisprudence qu'on peut trouver sous les articles 312, 313, 314, 316 du Code civil. Alors pourquoi à deux situations de valeur morale et juridique si complètement identiques apporter deux solutions aussi violemment contradictoires ? Dans un cas on accepte sans difficulté de donner « consécration légale » à l'adultère, dans l'autre cas on présente le même résultat comme la plus monstrueuse des aberrations. Vraiment en tout cela la logique et le bon sens se trouvent traités de fort cavalière façon » (¹).

. . . .

« Nous sommes donc entrés dans une voie où il faut aller jusqu'au bout et c'est en cela qu'il était précieux pour nous que le texte du Sénat fût promulgué aussitôt, car il engageait notre législation de telle sorte qu'il y aurait en un sens plus d'immoralité encore à ne pas l'étendre qu'à l'abroger ».

Cette critique des adversaires de la loi de 1907 nous paraît fondée.

Actuellement, les doctrines médicales admettent qu'une femme est susceptible d'avoir « concurremment » des enfants de deux hommes différents. En effet, ce phénomène rentre dans les cas de *superimprégnation* (²) qui comprennent ceux de superfécondation et ceux de superfœtation.

Dans la *superfécondation,* l'intervalle entre les deux coïts fécondants ne dépasse pas une même ponte ovulaire, c'est-à-dire appartient à la même période menstruelle. Ainsi une blanche a des rapports avec un blanc et avec un nègre, à quelques jours de distance : elle met au monde deux jumeaux, l'un blanc, l'autre mulâtre. De même, le professeur Pinard a observé, dans son service de Lariboisière, une femme qui avait eu dans la même journée des rapports avec un amant ordinaire et un amant de rencontre; ce dernier était syphilitique. Des jumeaux naquirent : l'un parfaitement sain, l'autre manifestement syphilitique. D'ailleurs, les éleveurs ont maintes fois remarqué la superfécondation chez des juments

(¹) Rapport de M. Violette, deuxième séance du 25 novembre 1907, Annexe n. 1331, *J. off., Doc. parl.,* 19 mars 1908.

(²) A. Ribemont-Dessaigne et G. Lepage, *Précis d'obstétrique.* Paris, Masson, 1904; L. Pénard et G. Abelin, *Guide de l'accouchement et de la sage-femme.* Paris, Baillière, 1896.

saillies par deux chevaux de race différente ou par un cheval et un âne.

Dans la *superfœtation*, on assiste à la fécondation de deux ovules n'appartenant pas à la même ponte ovulaire, c'est-à-dire n'appartenant pas à la même période menstruelle. On peut citer les faits classiques suivants : Marianne Bigaud mit au monde, le 1er avril 1748, un enfant vivant et viable, et, le 17 septembre de la même année, c'est-à-dire 5 mois et demi plus tard, elle accoucha d'un enfant à terme. De même, l'observation de Benoîte Franquet, qui accoucha le 20 janvier 1780 d'une fille paraissant avoir 7 mois, et, le 6 juillet, soit 5 mois et demi après, d'une fille à terme. De même encore, celle d'une femme d'Arles qui, le 11 novembre 1796, accoucha d'une fille à terme, et, le 11 avril 1797, c'est-à-dire 6 mois plus tard, d'une autre fille à terme.

En résumé, dans certaines circonstances, deux jumeaux, et *a fortiori* des enfants venus à terme, dont la naissance est séparée par un intervalle de 4 à 6 mois, peuvent avoir des pères différents (¹).

Mais, le plus souvent, c'est la filiation d'un seul enfant qu'on aura à considérer, filiation établie soit par la présomption de paternité du mari, soit par le jugement de désaveu : dans un cas, c'est la légitimité qui persiste, dans l'autre l'adultérinité qui ressort, sans que puissent être démontrées, à la même époque, les relations de cette femme avec deux hommes ; il n'y a pas là, en droit, de bigamie.

Faut-il voir, dans cette impossibilité de constatation légale de l'état de bigamie de la femme et dans le contrôle possible de l'état de bigamie du mari, la base de l'argumentation peu

---

(¹) Brissaud, Pinard et Reclus, *Pratique médico-chirurgicale*, t. VI, v° *Superfœtation*, p. 227-228; Article de A. Doléris, dans Dict. de méd. et de chir. du Dr Jaccoud, t. XXIV, v° *Superfœtation*, p. 196.

convaincante de M. Chaumié? C'est peut-être prêter au législateur souci de subtilités juridiques dont il est avare, c'est surtout rechercher des nuances insuffisantes à motiver les dispositions d'une loi inspirée par des sentiments de justice sociale et d'humanité.

Quoi qu'il en soit, seul l'enfant désavoué par le mari de sa mère bénéficiera de la légitimation lorsque sa filiation étant légalement établie à l'égard de ses auteurs, ceux-ci s'uniront en mariage.

En parlant d'enfant désavoué, la loi de 1907 n'a signalé que le cas le plus fréquent où le désaveu du mari est antérieur au mariage de la mère avec son complice. Mais nous savons que, lorsqu'à défaut du mari, quelques-uns seulement des héritiers intenteront l'action en désaveu de paternité, l'enfant aura intérêt à appeler en cause tous ceux qui ont qualité pour intervenir aux débats, afin qu'exclu, au regard de tous, de la famille légitime, il puisse être légitimé. D'autres hypothèses vont aussi se présenter : le désaveu peut ne pas précéder l'union des auteurs de l'enfant.

Une femme a conçu un enfant des œuvres d'un amant : elle cache à son mari sa grossesse, le jour et le lieu de l'accouchement et déclare cet enfant sous son nom de fille ; cet acte constate la filiation maternelle et indirectement la filiation paternelle puisque, par le mariage, le mari est présumé père de l'enfant.

Ignorant la naissance de cet enfant, le mari aura pour désavouer ce dernier un délai de deux mois à compter du jour où il apprendra son existence.

La mère divorce et épouse son complice : tous deux reconnaissent l'enfant dans l'acte de célébration de mariage qui révèle au mari l'existence d'un enfant dont il ignorait la venue. Quelle sera la situation juridique de cet enfant au cas où le mari divorcé le désavoue, au cas où il ne le désavoue pas?

Si l'enfant n'est pas désavoué, il est incontestable qu'il est l'enfant légitime du premier mariage et que la deuxième union de la mère n'influera en rien sur son état.

S'il est désavoué, l'enfant est adultérin. Le jugement de désaveu n'est pas constitutif d'état nouveau mais purement déclaratif. Il produit ainsi un effet rétroactif et constate un droit qui existait déjà. La reconnaissance faite par le deuxième mari est celle d'un enfant adultérin en vue de la légitimation. L'enfant pourra, à notre sens, bénéficier du nouvel article **331**, et sera légitimé. Le législateur exige pour cela que le second époux de la mère ait reconnu l'enfant. Une objection, il est vrai, se présente qui laisse à notre cas un intérêt surtout théorique : le plus souvent, en fait, cette reconnaissance ne se sera pas produite parce qu'en vertu de son acte de naissance l'enfant avait la possession d'état d'enfant légitime du premier mariage.

Si, après le désaveu, l'enfant n'a pas été reconnu, il gardera l'état adultérin.

On peut concevoir des hypothèses voisines de celles qui précèdent.

Une femme adultère a déclaré son enfant sous de faux noms ou comme né de père et mère inconnus : cet enfant n'a ainsi ni titre ni possession d'état. Le mari de la mère n'a pas à exercer le désaveu dans le délai légal ; une partie de la doctrine (¹) prétend même qu'il n'a pas à intenter d'action en désaveu contre un enfant dont l'acte de naissance ne lui attribue pas la paternité et qu'en supposant que l'enfant garde le silence et que le mari prenne les devants, cette

---

(¹) Demolombe, V, n. 146 *bis;* Laurent, III, n. 434; Baudry-Lacantinerie et Chéneaux, *Des personnes,* IV, n. 535, p. 462.

action fait partie des actions en contestation d'état *lato sensu* accessibles à toute personne intéressée. C'est surtout à l'enfant à introduire une instance en réclamation d'état d'enfant légitime du premier mariage mais aux termes de l'article 325 du Code civil, les défendeurs à cette action pourront démontrer par tous les moyens de preuve la non paternité du mari.

Quelques auteurs et la jurisprudence (¹) permettent au mari de dénier sa paternité en exerçant contre l'enfant une action en désaveu qui n'est, du reste, qu'un désaveu facultatif.

La mère devenue libre se remarie et, avec son nouveau mari, reconnaît dans l'acte de célébration de mariage comme naturel l'enfant inscrit sous de faux noms ou comme né de parents inconnus.

Cet enfant sera-t-il légitimé?

Pas de difficulté si l'enfant intente avec succès une action en réclamation d'état : le jugement fera tomber la reconnaissance du deuxième mari et l'enfant apparaîtra comme enfant légitime du premier mariage.

Mais quelle sera la situation de l'enfant qui voit son action repoussée dans les conditions de l'article 315? De ce que les adversaires aient prouvé la non-paternité du premier mari de sa mère, il ne s'ensuit pas que l'enfant soit pour cela désavoué.

La logique voudrait que l'on répondît : « Cet enfant est adultérin mais il n'est pas désavoué » et comme la loi nouvelle ne permet que la légitimation des enfants désavoués, l'enfant ne pourrait bénéficier de ses dispositions.

(¹) Massé et Vergé sur Zachariæ, I, § 162, n. 28; Aubry et Rau, VI, § 545, texte et note 72. — V. arrêts sous Baudry-Lacantinerie et Chéneaux, *loc. cit.*, n. 535, note 2, p. 463.

Nous pensons qu'une telle solution est inadmissible et la loi de 1907 a dû prendre le mot désaveu dans son sens le plus large. Sans doute, dans le cas visé plus haut, les règles strictes du désaveu ne sont pas applicables, mais il y a une sorte de désaveu qui permettra à l'enfant d'être légitimé par le second mariage de sa mère.

Nous devons *a fortiori* admettre la même solution, si nous acceptons la théorie de la jurisprudence sur le désaveu facultatif.

Supposons que personne n'ait agi et que l'enfant n'ait pas plus réclamé l'état d'enfant légitime du premier mariage que le mari de la mère n'ait usé du désaveu facultatif : l'état de l'enfant reste fixé par son acte de naissance qui le présente comme né de parents inconnus ou portant un nom supposé ; la mère se remarie avec son complice et l'enfant est déclaré, dans l'acte de reconnaissance, comme adultérin : cette reconnaissance est nulle et la nouvelle union ne pourra pas procurer à l'enfant la légitimation dont il jouira peut-être en fait mais que tout intéressé pourra lui contester.

Cet enfant, jusqu'au jour où il intentera une action en réclamation d'état, jusqu'au moment où le mari de sa mère intentera une action en désaveu, restera soumis aux énonciations de son acte de naissance.

Comme on l'a vu dans l'exposé et comme on s'en rend compte par les hypothèses que nous venons d'envisager auxquelles pourront le plus souvent se ramener les diverses circonstances qui entoureront la déclaration de naissance de l'enfant d'une femme mariée issu de l'adultère, la présomption de paternité du mari résiste à toute atteinte et le désaveu reste l'arme qui seule peut la renverser.

A cette première condition que l'enfant né au cours du mariage doit être désavoué pour pouvoir bénéficier de la légitimation par l'union de ses père et mère, le législateur ajoute l'obligation, pour ses auteurs, d'établir par une reconnaissance le lien légal qui les rattache à leur enfant. Il semble que pour cette première catégorie d'enfant il eût suffi d'exiger la reconnaissance du père.

Supposons, en effet, le cas le plus courant où l'enfant aura été déclaré à l'état civil sous le nom de la mère. En rapprochant l'acte de naissance de l'enfant du jugement de désaveu, la conception apparaît comme adultérine; si la mère se remarie avec son complice, cette constatation judiciaire devrait la dispenser de reconnaître son enfant : la loi de 1907 n'admet pas une pareille solution et la mère devra procéder, tout au moins en se mariant, à cette reconnaissance.

Les futurs époux devront ainsi l'un et l'autre accomplir cette formalité : comment va-t-elle intervenir ? Nous rencontrons à nouveau le conflit qui existe entre l'article 335 du Code civil et le nouvel alinéa 1er de l'article 331. En admettant que le complice de la mère reconnaisse l'enfant, cette reconnaissance, aux termes de l'article 335 du Code civil, est frappée de nullité radicale; il semble impossible d'avoir de ce chef la preuve de la filiation de l'enfant et ce n'est pas une reconnaissance nulle qui aura pour effet la légitimation.

Il nous faut alors concilier le nouvel article 331 du Code civil et l'article 335, comme nous l'avons déjà fait : nous admettrons ainsi la validité de la reconnaissance chaque fois qu'elle sera faite en vue de la légitimation. Elle s'imposera lorsqu'elle sera contenue dans l'acte de célébration du mariage et nous répétons que le législateur de 1907 l'a aussi admise, même au cas où elle est antérieure.

Nous allons ainsi retomber dans des difficultés identiques à celles qui nous ont arrêté lors de l'étude de la reconnaissance des enfants incestueux ; à quel signe distinguera-t-on la reconnaissance faite en vue de la légitimation lorsque des années se seront écoulées sans que le mariage ait été célébré ? Quel sera le sort de cette reconnaissance lorsque la mort viendra, par exemple, rendre impossible l'union de l'époux adultère et de son complice ? Peut-on dire que la reconnaissance est valable *pendente conditione,* que sa validité dépendra de la réalisation du mariage, que l'union devenue impossible, la reconnaissance tombera de plein droit mais qu'au contraire au cas d'une union toujours réalisable, nul ne pourra attaquer la reconnaissaace ? Que deviendra alors l'application de l'article 335 ?

Quelques jurisconsultes, revenant sur la solution proposée pour les enfants incestueux, estiment que l'article 335 subsistant dans toute sa rigueur, la reconnaissance faite antérieurement à l'union, est nulle et au cas où malgré son évidente nullité elle aurait été reçue, ils préconisent comme mesure de prudence son renouvellement dans l'acte même de célébration.

Nous gardons une opinion différente, Pour nous, laisser à l'article 335 son ancienne portée sous prétexte qu'il n'a pas été abrogé, c'est ne tenir aucun compte des dispositions récentes du nouvel article 331. Ce que nous devons retenir de ce dernier texte, c'est que toute reconnaissance d'enfant désavoué antérieure au mariage est valable si elle a été faite en vue de la légitimation. Dans ces limites, l'article 335, qui n'est pas abrogé, voit sa portée implicitement restreinte. Autant alors nous pensons qu'une reconnaissance unilatérale est nulle, après comme avant la loi de 1907, parce qu'on ne peut trouver dans une initiative individuelle trace de projets d'union dont la légitimation serait le résultat, autant nous admettons que la reconnaissance souscrite par les père et mère qui concourent par un même acte ou par actes séparés réfléchissant l'un sur l'autre à individualiser l'enfant est valable à condition qu'aucun obstacle ne s'oppose à leur mariage.

C'est ce qu'a laissé très nettement entendre le rapporteur de la Chambre :

« Sans doute dans le cas où la précédente famille légitime est dissoute par le divorce ou par la mort d'un des conjoints la reconnaissance des enfants adultérins ne soulève pas d'objections. Il n'en est pas de même, au contraire, si l'on suppose la famille encore existante; si l'art. 335 était purement et simplement abrogé, la reconnaissance des enfants adultérins se trouverait possible même dans ce cas » (¹).

En conséquence, nous refusons à tout intéressé le droit d'attaquer cet acte que l'union se réalise ou qu'elle ne se réalise pas; dans ce dernier cas, en effet, les parents ont des torts graves à se reprocher et peut-être est-ce un avantage à donner à l'enfant que de lui concéder une créance d'aliments sur ceux qui, en dehors de toute reconnaissance, l'auraient sans doute abandonné ; c'est aussi, nous le reconnaissons, singulièrement aggraver le sort de l'enfant dont les parents n'ont pu s'unir par suite du décès subit de l'un des futurs époux et lui faire perdre l'avantage des largesses dont il eût pu être l'objet et que la preuve de sa filiation adultérine permettra de faire réduire. C'est là une conséquence fâcheuse que nous sommes tout le premier à déplorer, car l'utilité d'une reconnaissance antérieure ne se faisait pas sentir. Il y a lieu cependant de considérer que, d'après la loi du 7 novembre 1907, au cas où l'on admettrait notre thèse, seul l'enfant désavoué par le mari peut être l'objet d'une reconnaissance antérieure.

(¹) Paroles de M. Violette, séance du 18 février 1907, *J. off., Déb. parl.*, Chambre, 19 février 1907, p. 377 et s.

Nous préférerions, cependant, voir le législateur décider, même pour cette catégorie d'enfants adultérins, la suppression d'une reconnaissance qu'aucun besoin n'appelle, conserver seulement la reconnaissance dans l'acte de célébration qui apparaît nettement comme faite en vue de la légitimation et introduire sur ce point une dérogation au principe de l'article 335 du Code civil, à moins que l'évolution des idées favorable aux théories égalitaires ne pousse au maintien de la reconnaissance antérieure qui deviendrait pour les enfants adultérins la base d'un projet tendant à leur concéder les droits des enfants naturels simples.

§ II

Dans le nouvel alinéa 2 de l'article 331, le législateur de 1907 a groupé dans la même rédaction la légitimation des enfants nés plus de 300 jours après l'ordonnance du président du tribunal prévue par l'article 878 du Code de procédure civile, que le vice d'adultérinité vienne d'un homme marié ou d'une femme mariée. Nous allons voir que cette confusion est nuisible à la clarté de la loi du 7 novembre 1907, néfaste pour son application car, selon l'une ou l'autre situation, les cas sont fort dissemblables.

Faisons de ces deux situations une étude distincte.

I. Un homme marié, en instance de séparation de corps ou de divorce, a des relations avec une femme libre qui met au monde un enfant. Dégagé des liens du mariage, le père de l'enfant adultérin épouse sa complice.

Ce mariage va-t-il pouvoir légitimer l'enfant ainsi né de leurs relations? Pour concéder le bénéfice de la légitimation, le législateur recherche la date à laquelle se place la conception de l'enfant adultérin. Il délimitera, pour lui, en termes du reste assez vagues, une période que nous appellerons la période favorable par opposition à la période suspecte que nous rencontrons dans l'article 313 du Code civil alinéa 2 pour l'enfant légitime et dont l'influence s'est fait sentir dans la rédaction de la loi que nous étudions.

L'enfant adultérin est-il conçu pendant la période favorable? Il sera, quoique adultérin, légitimé par le mariage subséquent de ses père et mère; si, au contraire, sa conception se place avant le commencement de la période favorable, il ne pourra pas être légitimé bien qu'adultérin; conçu après la fin de la période favorable, sa situation juridique variera selon les cas.

Le point de départ de cette période est fixé au jour où le président du tribunal rend l'ordonnance de non conciliation prévue par les articles 236 du Code civil et 878 du Code de procédure civile, aux termes de laquelle il assigne aux époux une résidence séparée.

Dès ce moment, sans être déliés du mariage, les époux sont relevés du devoir de cohabitation et, en fait, ils vivent comme s'ils n'étaient pas mariés.

Le mari entretient-il alors avec une autre femme des relations coupables? L'enfant issu de leurs rapports sera adultérin, mais la loi tend à excuser la faute du mari, et si plus tard il se soumet aux conditions prescrites par elle, il pourra légitimer l'enfant ainsi conçu depuis l'ordonnance du président. Par conséquent, la loi exclut de la légitimation tout enfant issu de relations entre un homme marié en instance de séparation de corps ou de divorce et une femme libre si la conception se place antérieurement au jour où les époux se sont vu fixer une résidence séparée.

Cette rédaction nous satisfait-elle et n'allons-nous pas pouvoir reprocher à la loi, sous son apparente clarté, une confusion regrettable?

Cette rédaction est défectueuse, car si nous appliquons les présomptions générales de la loi en matière de filiation, nous arrivons aux solutions suivantes :

Un enfant naît plus de 300 jours après l'ordonnance présidentielle ; conçu après le début de la période favorable, il pourra sans aucun doute être légitimé.

L'enfant naît moins de 180 jours après l'ordonnance ; sa conception étant antérieure à l'ouverture de la période favorable, le législateur de 1907 ne permet pas la légitimation.

Mais une troisième hypothèse peut se présenter : l'enfant naît plus de 179 jours, au plus tôt le 180ᵉ, et moins de 300 jours après l'ordonnance du président ; d'après les présomptions légales l'enfant a pu être conçu avant ou depuis l'ordonnance, peut-être le jour où l'ordonnance a été rendue ; le père devient libre et épouse la mère de l'enfant : celui-ci sera-t-il légitimé par le mariage ?

Si nous nous arrêtons au texte de la loi, nous répondrons non. On peut prétendre qu'une telle solution ne saurait être admise, comme contraire à l'esprit général de la loi. Que veut, en effet, cette dernière ? Accorder à l'enfant adultérin une faveur et par conséquent dans tous les cas douteux le faire bénéficier, par application des règles de droit commun, des solutions les plus humaines, en l'espèce, placer la conception de l'enfant à l'époque la plus favorable. L'enfant peut-il soutenir qu'il a été conçu après l'ordonnance de non conciliation ? La légitimation ne saurait lui être refusée.

Nous ne pensons pas pouvoir aller jusque-là après les explications fournies sur ce point par le rapporteur de la Chambre, M. Violette :

« ... Avec le texte du Sénat, on arrive à des conséquences vraiment terribles. Voici une situation qui se présente très souvent, de nombreuses lettres l'attestent. Un homme est séparé de fait de sa femme légitime soit pour cause de brusque départ de cette dernière, soit pour tout autre cause. Il noue des relations avec une autre femme et plusieurs enfants naissent. La femme légitime finit par se décider à demander le divorce et l'obtient. Le père en se remariant avec sa maîtresse veut légitimer ses enfants ; or, à cause de la date de l'ordonnance il ne pourra le faire que pour quelques-uns ; les autres sont exclus à tout jamais du bénéfice de la loi. Pourtant quelle différence y a-t-il entre ces différents enfants? Ils sont bien frères et sœurs nés dans des conditions identiques, pourquoi briser et disloquer ainsi cette famille de façon aussi arbitraire ?

Voici ce qu'écrit à ce sujet l'un de ces pères de famille : «... On en référa au maire qui en référa au parquet. On me demanda les pièces de procédure, puis après examen, on me déclara que la légitimation des deux derniers enfants était possible, mais qu'à l'égard du premier elle n'était pas possible parce que sa naissance était antérieure à l'ordonnance ou du moins antérieure aux 300 jours. Donc voilà une loi que j'appelais de tous mes vœux, et combien comme moi, qui au lieu d'être un bienfait pour mes enfants, ne ferait qu'apporter une terrible aggravation à la situation du premier, si elle devait être interprétée ainsi. Il restera lui seul le paria, l'enfant adultérin, il ne me sera même pas permis de lui léguer la quotité disponible. Il sera dans la famille moins qu'un étranger. Est-ce possible que telle ait été la pensée du législateur?

» Le législateur n'a pu avoir une telle pensée, mais c'est tout de même à ce résultat monstrueux qu'aboutit le texte du sénat...... » (¹).

(¹) Rapport de M. Violette, Annexe n. 1331, *J. off.*, *Doc. parl.*, Chambre, 19 mars 1908, p. 294.

Le tort grave des rédacteurs de la loi nouvelle a été de vouloir se faire pardonner d'être des innovateurs en étayant, chaque fois qu'ils l'ont pu, leur argumentation sur des principes acquis ou un état de choses reçu. Ils usent mal de ce procédé et c'est ainsi que l'alinéa 3 de l'article 331 nouveau est inspiré de l'alinéa 2 de l'article 313, dont ils n'ont pas creusé le sens.

L'article 313 alinéa 2 vise le cas de deux époux engagés dans une instance de divorce ou de séparation de corps et organise, à partir du jour où les parties ont un domicile séparé, une période suspecte qui, si certaines éventualités se réalisent, permettra au mari ou à ses héritiers d'avoir une cause de désaveu péremptoire.

Avec le sens qui lui fut assigné jusqu'ici, il autorise cette action contre l'enfant qui naît plus de 300 jours après l'ordonnance, mais la fiction de légitimité continue à couvrir l'enfant né plus de 179 jours et moins de 300 jours depuis l'ouverture de la période suspecte, et nous comprenons l'extrême réserve du Code qui ne permettra de rejeter du sein de la famille légitime que l'enfant dont la date de naissance laisse voir l'origine adultérine et dont la conception ne peut qu'être postérieure à la séparation de fait qui a existé entre les époux : c'est une mesure grave. Chaque fois, donc, que l'enfant pourra prétendre qu'il a été conçu avant l'ordonnance, c'est-à-dire moins de 300 jours depuis qu'elle aura été rendue, l'action en désaveu ne sera pas recevable.

Mais le législateur de 1907 devait d'autant moins s'inspirer, pour la rédaction de l'article 331 alinéa 2, des délais compris dans l'article 313 alinéa 2, que dans le premier cas l'enfant a intérêt à voir sa conception placée après l'ordonnance, tandis que dans le second l'enfant doit tout faire pour prouver que sa conception remonte à un moment où la séparation de fait n'existait pas encore entre ses père et mère.

L'article 331 alinéa 2 aurait donc dû permettre la légitimation par mariage subséquent, dans l'acte même de célébration, des enfants nés le 180ᵉ jour au plus tôt après l'ordonnance du président, *du moins lorsqu'il s'agit d'un enfant dont le vice d'adultérinité provient du père* (¹).

Une telle rédaction aurait eu l'avantage de concilier les intérêts de l'enfant adultérin avec les principes de la filiation naturelle.

Maintenant que nous connaissons le point de départ de la période favorable, il nous faut examiner les événements qui détermineront son terme.

La loi du 7 novembre 1907 en indique trois :

a) Le divorce.

b) Le décès de l'autre conjoint, en l'espèce, le décès de la femme.

c) La séparation de corps.

Ces trois sortes d'événements ne produisent pas les mêmes effets. Examinons-les successivement :

a) Le divorce a été prononcé et nous supposons le jugement régulièrement transcrit; l'enfant conçu après la transcription du jugement aura la qualité d'enfant naturel simple : il en sera ainsi lorsqu'il naîtra le 180ᵉ jour au plus tôt depuis la transcription. Au cas où ses père et mère voudront le légitimer, il n'y a pas à invoquer le régime de faveur du nouvel article 331 qui ne le concerne pas.

Autre est la situation de l'enfant conçu avant la transcription du jugement : il est adultérin. D'après la disposition de la loi, cet enfant ne sera réputé conçu avant la transcription que s'il est né avant le 180ᵉ jour qui a suivi l'accomplissement de cette formalité. Si, d'autre part, la conception de

______

(¹) Voir sous rap. Violette, note 1, Annexe n. 1331, *J. off.*, *Doc. parl.*, Chambre, 19 mars 1908, p. 293.

l'enfant peut se placer après l'ordonnance de non-conciliation, l'enfant, quoique adultérin, sera légitimé, que le père
se marie après ou avant la naissance de cet enfant : dans ce
dernier cas, l'enfant pourrait bénéficier des dispositions de
l'article 314 du Code civil combinées avec l'article 331.

b) L'instance en divorce ou en séparation de corps a été
interrompue par le décès de l'autre conjoint qui sera, pour
la première partie de nos observations, l'épouse légitime du
père.

Cet événement met fin à la période favorable.

Deux hypothèses se font jour :

Tout d'abord, si l'enfant naît plus de 179 jours, le 180ᵉ jour
au plus tôt, après le décès de la femme, il peut prétendre
que, par application des présomptions légales, sa conception
se place après la dissolution du mariage de son père : il sera
naturel simple et légitimé par le mariage de ses père et mère
en tant qu'enfant naturel simple.

Il serait adultérin s'il naissait moins de 180 jours depuis
le décès de la femme de son père, mais s'il peut placer sa
conception pendant la période favorable, c'est-à-dire après
l'ordonnance de non-conciliation, il usera de la nouvelle loi.

Dans l'un et dans l'autre cas, par application de l'article
314, la légitimation lui sera applicable, alors que, conçu, il
ne sera pas encore né.

c) L'instance introduite par l'un des époux contre l'autre
peut avoir pour issue un jugement de séparation de corps :
si l'enfant est né moins de 180 jours depuis que le jugement
a acquis l'autorité de la chose jugée et si, d'autre part, l'enfant peut placer sa conception après l'ordonnance du président, son adultérinité est certaine, mais la loi nouvelle lui
permettra d'être légitimé.

Si l'enfant naît plus de 179 jours après le jugement de

séparation définitif, il pourra encore être légitimé parce qu'il appartient à la catégorie des enfants nés d'un père séparé de corps.

Tels sont les divers résultats auxquels donne lieu la réalisation des trois événements spécifiés par la loi : à des titres divers, l'enfant se verra concéder la légitimation.

Mais l'issue du procès sera souvent tout autre. L'instance en séparation de corps ou en divorce peut aboutir au rejet de la demande; l'auteur de l'enfant peut se réconcilier avec son conjoint : dans ces deux cas, le législateur refuse à l'enfant adultérin, on ne sait pour quelle cause, toute possibilité d'améliorer son sort.

Si le rejet de la demande survient, sa conception peut se placer : A. après le rejet; B. avant le rejet de la demande et après l'ordonnance.

A. Pour que la conception de l'enfant se place après le rejet de la demande, il faut que celui-ci soit né plus de 300 jours après cet événement. A ce moment-là, l'auteur de l'enfant et son conjoint étaient de nouveau assujettis au devoir de cohabitation : l'enfant ne pourra pas être légitimé.

B. L'enfant peut se dire conçu postérieurement à l'ordonnance et antérieurement au rejet de la demande. Le père devenu libre épouse sa complice; pourra-t-il légitimer cet enfant? Le législateur dit non car l'instance n'a pas abouti à une séparation de corps ni à un divorce. C'est un résultat d'autant plus choquant que l'enfant est né plus de 179 jours après l'ordonnance, à un moment où, en fait, les époux étaient séparés. Comment justifier cette impossibilité de légitimation? On ne sait, c'est l'arbitraire d'un texte restrictif dont on ne peut corriger les mauvais résultats.

Au cas où l'auteur de l'enfant se réconcilie avec son conjoint, le problème est le même, sa solution identique. Né plus de 300 jours après la réconciliation, l'enfant ne peut être légitimé parce qu'il est né en violation du devoir conjugal qui a repris avec la nécessité pour le père d'habiter sous le même toit que son conjoint. Né moins de 300 jours depuis la réconciliation, bien que l'enfant puisse se dire conçu pendant la période où le lien du mariage était relâché, sa légitimation reste impossible.

Signalons, en terminant cette première série d'observations, le cas où les relations de l'homme marié, en instance de séparation de corps ou de divorce, se sont établies avec une femme qui est elle-même mariée : les difficultés que cette hypothèse présente ont été vues avec une netteté suffisante lorsque la mère n'est pas elle-même en instance de séparation de corps ou de divorce : l'enfant est alors soumis au désaveu du mari.

Mais dans l'hypothèse où la conception de cet enfant se place au cours du procès intenté par la mère ou le mari de celle-ci, nous sommes ainsi amené à la deuxième partie de notre étude dont nous avons donné dans l'exposé de la loi un premier aperçu.

II. Reprenons l'hypothèse prévue par la loi.

Une femme mariée en instance de divorce ou de séparation de corps a, pendant le cours du procès, des relations avec un tiers. De ces rapports naît un enfant. Devenue libre, cette femme épouse son complice. A quelles conditions cet enfant sera-t-il légitimé?

La loi a, pour cela, délimité ce que nous avons précédemment appelé, lorsque nous nous occupions de l'adultérinité provenant du père, la période favorable : elle a pour point de départ l'ordonnance du président du tribunal qui fixe à la femme, ou plus exactement à l'époux demandeur, un domicile séparé. La situation de l'enfant variera, dès lors, selon que sa conception se place : A. avant le commencement de la période favorable; B. pendant sa durée; C. après sa fin.

A. Conception de l'enfant avant le commencement de la période favorable.

A ce moment, le devoir de cohabitation existait entre les époux, l'enfant ainsi conçu est couvert par la présomption *pater is est;* s'il n'est pas désavoué par le mari de sa mère ou par les héritiers du mari, il ne pourra jamais être légitimé.

Comment saura-t-on que cet enfant est conçu avant le début de la période favorable? Le texte nous le dit : « Pourront être légitimés par le mariage subséquent de leurs parents, ceux qui seront nés plus de 300 jours après l'ordonnance du président ».

L'enfant sera ainsi réputé conçu dans la période favorable s'il naît plus de 300 jours après l'ordonnance ; s'il naît moins de 300 jours après l'ordonnance, l'enfant ne pourra pas être légitimé. La légitimation se heurte, en effet, au principe de la présomption de paternité du mari. Sur ce point, aucune critique ne peut être faite au législateur puisque c'est l'application de la règle générale de la filiation, mais nous lui reprochons d'avoir usé de la formule applicable à la mère dans la première hypothèse où elle ne doit pas figurer. Lorsqu'un homme marié, en instance de séparation de corps ou de divorce, a commis un adultère avec une femme libre et qu'un enfant naît des œuvres de cette dernière, il ne saurait être question de la présomption *pater is est :* la seule question qu'il importe de trancher, c'est de savoir dans quelle catégorie d'enfants adultérins peut entrer cet enfant, et s'il peut ou non bénéficier de la loi du 7 novembre 1907. Or, la loi est formelle, pour que l'enfant puisse être légitimé, il faut qu'il soit conçu après l'ordonnance; si sa conception se place antérieurement à l'ordonnance la légitimation est impossible. L'intérêt de l'enfant adultérin sera de se dire conçu après l'ordonnance pour pouvoir bénéficier de la légitimation ; il aurait donc fallu permettre à cet enfant de placer sa conception au moment le plus favorable.

Dans le cas que nous examinons, où c'est la mère qui, en instance de séparation de corps ou de divorce, a un enfant des œuvres de son amant, la règle *pater is est* est en jeu ; cette présomption couvre l'enfant s'il naît dans les 300 jours qui suivent l'événement mettant fin aux relations des deux époux, que ce soit le décès du mari ou la transcription du jugement : la présomption est irréfragable. Le nouvel alinéa 2 de l'article 331 semble rédigé de façon à éviter la confusion de part : en réalité, elle ne peut pas se produire. Supposons l'enfant né plus de 179 jours et moins de 300 jours depuis que l'ordonnance du président a été rendue : il faut nécessairement placer sa conception soit avant, soit après l'ordonnance.

La loi le répute conçu avant l'ordonnance et il n'en peut être autrement ; soutenir que la conception se place après l'ordonnance ce serait, en se heurtant à deux textes, faire de lui un enfant adultérin dont la légitimation serait impossible. D'une part, en effet, l'article 313 alinéa 2 répute conçu avant l'ordonnance l'enfant né dans les 300 jours qui l'ont suivi et en fait un enfant légitime qui ne peut être désavoué que d'après les articles 312 et 313 alinéa 1 ; d'autre part, le nouvel alinéa 2 de l'article 331 ne tolère que la légitimation des enfants nés plus de 300 jours depuis l'ordonnance. On voit ainsi que la solution adoptée par le législateur s'impose : conçu moins de 300 jours après l'ordonnance, l'enfant est présumé légitime ; conçu plus de 300 jours après elle, il est adultérin, susceptible d'être légitimé sans que pour cela la question de la confusion de part s'agite puisqu'elle suppose l'option entre deux filiations légitimes.

B. Conception de l'enfant pendant la période favorable.

En admettant que l'enfant soit né plus de **300** jours après l'ordonnance, sa conception est postérieure à l'ordonnance : elle se place à un moment où les relations intimes avaient cessé entre le mari et la femme : c'est un enfant adultérin dont la loi permet la légitimation par mariage subséquent (art. **331**, al. **2**).

Quelle utilité a bien pu présenter aux yeux du législateur de 1907 la confection de cet article ?

La loi nouvelle n'a pas abrogé l'alinéa **2** de l'article **313** du Code civil, ses rédacteurs se sont même appuyés sur son texte qui est venu combler une lacune du Code. Jusqu'en 1850, en effet, la règle *pater is est quem nuptiæ demonstrant* protégeait et les enfants conçus pendant le cours d'une instance en séparation de corps et les enfants conçus après le jugement de séparation de corps devenu définitif. Le mari, même séparé de corps, devait intenter l'action en désaveu conformément au droit commun, c'est-à-dire prouver l'impossibilité matérielle de cohabitation ou le recel de la naissance. Cet état du droit, consacrant des situations immorales, fut vivement combattu par Demante qui fit voter la loi du 6 décembre 1850 en faveur du mari séparé de corps. Les lois du **27** juillet **1884** (art. **2**) et du **18** avril **1886** (art. **3**) ont étendu cette disposition au divorce.

Aujourd'hui l'alinéa **2** de l'article **313** autorise le mari à désavouer l'enfant conçu par sa femme pendant la période légale de séparation d'habitation. En vertu du Code, en effet, le devoir de cohabitation cesse entre époux engagés dans une instance en séparation de corps ou de divorce à partir du moment où le demandeur est autorisé par ordonnance du juge à avoir un domicile séparé et jusqu'au jour du rejet définitif de la demande ou de la réconciliation des époux. La

loi considère comme conçu pendant cette période et susceptible d'être désavoué l'enfant né 300 jours après l'ordonnance
qui a marqué le début de la période et moins de 180 jours
depuis le rejet de la demande ou la réconciliation des époux.
Le désaveu du mari exercé dans les formes et délais prévus
est péremptoire en ce sens que les juges doivent prononcer
le désaveu de l'enfant dès qu'il est constant que la conception de ce dernier se place au cours de la période suspecte,
sans que le mari ait à administrer une preuve quelconque.
L'enfant est rejeté, par cette seule constatation, de la famille
légitime et le rapprochement du mari avec la mère de l'enfant pendant le cours de la période légale de la conception
est l'unique fin de non recevoir utile à opposer. Ainsi l'enfant né au cours de l'instance où sa mère est engagée avec
son conjoint reste protégé par la règle *pater is est* et cette
présomption subsiste jusqu'au rejet de la demande ou à la
réconciliation des époux.

Il semble dès lors qu'elle se perpétue si la séparation de
corps ou le divorce est prononcé par le tribunal, mais ceci
n'est exact que pour la séparation; en ce qui concerne le
divorce, la présomption de paternité du mari tombe dès le
jour où le jugement est devenu définitif et la faculté de désaveu disparaît avec elle. C'est par l'action en contestation de
légitimité qu'il y aura lieu, à l'occasion, d'agir contre l'enfant.

Telle est, brièvement rappelée, la portée qu'a eue jusqu'au
7 novembre 1907, l'article 313 alinéa 2. En combinant ses
dispositions avec celles de l'article 331 alinéa 3, l'article 331
alinéa 2 devient inutile et incompréhensible.

De deux choses l'une : l'enfant issu des œuvres d'un tiers
et d'une femme mariée en instance de séparation de corps
ou de divorce n'a pas été l'objet, de la part du mari de sa

mère, d'une action en désaveu : il reste légitime et il ne saurait être question pour lui de légitimation, son état étant définitivement fixé ; dans cette première hypothèse, l'alinéa 2 de l'article 331 ne prend pas place.

Il n'est pas d'une utilité plus grande si le mari exerce le désaveu péremptoire de l'article 313, alinéa 2. L'enfant désavoué est désormais étranger au mari de sa mère : il fait partie de la classe des enfants adultérins de l'article 331, alinéa 3, qui peut être légitimée.

A quelle fin sert alors l'article 331, alinéa 2, dans cette deuxième hypothèse ? Peut-on dire que l'article 313, alinéa 2, tel qu'il a été écrit, subsiste pour les enfants nés d'une femme mariée ; qu'à ce point de vue, on ne doit tenir aucun compte de l'article 331, alinéa 2, applicable au contraire aux enfants issus des relations que le mari a entretenues avec une maîtresse durant le cours de l'instance.

Nous pensons que cette solution serait la meilleure si on voulait améliorer la rédaction de la loi, mais elle ne peut être actuellement admise comme contraire à son esprit.

Il faut donc conclure que l'enfant issu, au cours de l'instance, d'une femme mariée, est, comme celui du mari, soumis au texte de l'article 331, alinéa 2. Si, d'un côté, nous remarquons que le point de départ de l'expiration de la période suspecte de l'article 313, alinéa 2, est le même que celui de la période favorable de l'article 331, alinéa 2, et si, de l'autre, nous revenons au sens que gardent ces articles, nous sommes frappé de l'opposition de ces deux textes. D'après l'article 313, alinéa 2, l'enfant conçu en cours d'instance par une femme mariée est légitime tant qu'il n'a pas été désavoué, et, contrairement à ce principe, l'article 331, alinéa 2, déclare que cet enfant est adultérin de plein droit.

Obligé d'admettre l'existence d'un texte nouveau et de

déterminer les conséquences de l'erreur commise par le législateur, la difficulté du problème consiste à résoudre la question suivante :

Pourquoi et dans quelles conditions l'article 331, alinéa 2, fait-il cesser la présomption de paternité du mari qui a jusqu'ici couvert les enfants conçus à partir de l'ordonnance rendue au cours d'une instance en séparation de corps ou en divorce ?

Le sens de l'article 331 est dû à la mauvaise interprétation donnée par le législateur à l'article 313, alinéa 2, et tirée des décisions de la jurisprudence. On a cru, en effet, trouver dans les motifs de plusieurs arrêts que l'état de séparation de corps comme l'introduction d'une demande soit en séparation de corps, soit en divorce, fait cesser toute présomption de paternité du mari relativement à l'enfant dont la femme accouche 300 jours après l'ordonnance qui l'autorise à avoir une habitation séparée et moins de 180 jours depuis le rejet de la demande ou la réconciliation ([1]). La lecture des arrêts démontre, cependant, qu'à travers l'exagération du langage, la jurisprudence a voulu seulement revenir sur les conditions d'exercice du désaveu qui, loin de nécessiter la preuve de la non-paternité du mari, se réduisent à la simple dénégation de ce dernier. Donner une autre portée aux décisions de justice, c'était leur faire dire, contrairement aux termes de l'article 313, alinéa 2 (ce qu'elles n'ont pas fait), que l'enfant étant étranger au mari serait exclu de la famille légitime par

---

([1]) Bordeaux, 16 juin 1858, D. P., 59. 2. 14. — Nancy, 12 janv. 1861, D., 61. 5. 236, S., 61, 2. 307. — Dijon, 24 janv. 1872, D. P., 73. 2. 13. — Req., 19 août 1872, D. P., 73. 1. 479, S., 73. 1. 75. — Toulouse, 12 juin 1874, D. P., 75. 2. 25. — Caen, 22 déc. 1880, D. P., 82. 2. 53, S., 81. 2. 161. — Aix, 6 déc. 1876, D. P., 77. 2. 183. — Montpellier, 21 juil. 1886, S., 88. 2. 100. — Lyon, 3 juil. 1890, D., 91. 2. 99.

l'exercice que tout intéressé pourrait faire de l'action en contestation de légitimité.

C'est donc moins à l'esprit de la jurisprudence qu'à la
forme que revêtaient ses décisions que nos législateurs se
sont attachés. Ils ont estimé, revenant ainsi à des idées
abandonnées depuis la loi de brumaire, que l'enfant conçu
pendant la période suspecte n'était plus couvert par la présomption *Pater is est...*

Au moment du vote de la loi du 13 juillet 1907 modifiant le
point de départ imposé à la femme divorcée avant de se
remarier, le rapporteur de la proposition a expliqué qu'il
fallait déduire de la faculté de désavouer un enfant l'impossibilité pour le mari d'en être présumé le père. D'après lui,
la confusion de part qu'empêchait l'ancien article 296 n'était
pas à redouter et rien n'interdisait à la femme divorcée de se
remarier soit dès la transcription du jugement de conversion,
soit dès la transcription du jugement de divorce à la condition, pour ce dernier cas, que 300 jours se fussent écoulés
depuis le premier jugement rendu dans la cause.

Supposons un enfant dont la mère divorcée s'est remariée
cinq jours après la transcription du jugement prononçant son
divorce, ou la conversion. Cet enfant naît 200 jours après la
célébration de la nouvelle union, donc moins de 300 jours
après la transcription. A défaut de désaveu de la part du
premier mari, l'enfant peut-il se dire conçu durant le premier
ou le second mariage?

D'après le sens donné par le rapporteur à l'article 313 al. 2
on doit répondre que la présomption de paternité du premier
mari a cessé au jour du premier jugement rendu dans l'instance et qu'ainsi l'hypothèse de la confusion de part ne se
produit plus.

Jusqu'au mois de novembre 1907 on pouvait à la rigueur

penser que, malgré l'argumentation du rapporteur, il n'était pas possible, en l'absence de toute discussion sérieuse sur ce point, d'aller jusqu'à détruire le sens de l'article 313 al. 2, mais aujourd'hui la modification subie par l'article 331 nous contraint à adopter cette solution. Le législateur est retombé dans son erreur et il faut désormais admettre avec lui qu'alors que les enfants conçus au cours du mariage dont aucun procès n'a relâché le lien, sont seulement exclus de la famille légitime par le désaveu du mari, ceux qui, au contraire, sont conçus soit après la séparation de corps, soit au cours d'une instance en divorce ou en séparation de corps, sont désavoués de plein droit par la seule date de leur conception.

C'est du moins l'opinion formulée par M. Baudry-Lacantinerie (¹) qui tend ainsi à l'abrogation complète de l'article 313 al. 2 « dans celles de ces dispositions qui ont trait au désaveu ». Dans son esprit, il faut modifier la rédaction de la loi nouvelle et lui donner le sens suivant en le combinant avec l'article 315 : « *En cas de jugement ou même de demande soit de divorce, soit de séparation de corps, tout intéressé pourra contester la légitimité de l'enfant né 300 jours après la décision qui a autorisé la femme à avoir un domicile séparé, et moins de 180 jours depuis le rejet définitif de la demande ou depuis la réconciliation. L'action en contestation de légitimité ne sera pas admise s'il y a eu réunion de fait entre les époux* ».

Nous admettrions volontiers de substituer l'action en contestation de légitimité à celle du désaveu si une solution aussi catégorique n'offrait le danger de faire cesser la présomption de paternité qui couvre les enfants conçus à partir du jour de l'ordonnance prévue par le nouvel alinéa 2 de l'article 331, quel que soit le résultat du procès où est engagée la

(¹) Baudry-Lacantinerie, I, *Suppl.*, p. 1025.

mère de l'enfant. Or de même que les articles **296** et **297** parlent d'une instance qui aboutit au divorce ou à la conversion, de même l'article **331** al. 2 prévoit seulement le cas des enfants conçus au cours d'une instance qui a pour issue le divorce ou la séparation de corps, et ne s'applique pas au cas où la demande est rejetée et où la mère et son conjoint se réconcilient. Or, avec le système de l'abrogation absolue de l'article **313** al. 2, le principe que la présomption de paternité du mari cesse à l'égard des enfants conçus après l'ordonnance doit toujours amener les mêmes conséquences.

Pour nous, il n'est plus dès lors possible d'admettre une solution qui aurait pour résultat, au cas de rejet de la demande ou de la réconciliation, d'entraîner le désaveu de plein droit d'un enfant qui ne sera pas susceptible d'être légitimé.

Nous pensons que l'article **313** al. 2 existe encore et prend un sens différent.

Selon les circonstances, l'enfant conçu après l'ordonnance sera désavoué de plein droit lorsque l'issue de l'instance sera favorable à sa légitimation, mais au cas de rejet de la demande ou de réconciliation de la mère avec son conjoint la présomption de paternité du mari continuera à le couvrir. La loi de 1907 n'a pas aggravé la situation d'un enfant qui, avant sa promulgation, aurait été réputé légitime tant qu'un jugement de désaveu n'aurait pas constaté le caractère adultérin de sa filiation. Et cela d'autant que le rejet de la demande amènera peut-être les époux à se pardonner leurs torts réciproques, et que le maintien de l'enfant au foyer légitime sera souvent une des conditions de la réconciliation.

C'est, nous reprochera-t-on, faire dépendre la présomption de paternité d'un événement futur et incertain et laisser en suspens l'état de l'enfant? Conséquence fâcheuse de l'erreur commise par le législateur qui nécessitera une modification de texte.

C. Conception de l'enfant après la fin de la période favorable.

Dans cette hypothèse la situation de l'enfant variera.

a) La loi suppose (art. 331 al. 2) que l'instance en séparation de corps ou en divorce dans laquelle la mère est engagée a été interrompue par la mort du mari. Ce décès clot la période favorable et les dispositions de la loi du 7 novembre 1907 en faveur de la légitimation recevront application si la conception de l'enfant se place postérieurement à l'ordonnance et antérieurement à la mort du mari. Si l'enfant est conçu après la mort de ce dernier, il est naturel simple.

Comment saura-t on que la conception de l'enfant est postérieure au décès du mari? C'est une question sur laquelle la loi nouvelle ne nous éclaire pas et dont la solution est rendue plus délicate par suite du sens désormais incertain de l'article 313 al. 2 :

1° La naissance de l'enfant a eu lieu 300 jours après la mort du mari : la conception se place nécessairement après le décès. Aux termes de l'article 315 du Code civil, l'enfant en possession de la légitimité sera provisoirement traité comme légitime, mais tout intéressé pourra intenter contre lui une action en contestation d'état.

2° L'enfant est né moins de 179 jours depuis le décès du mari de sa mère. La durée minima de la gestation étant de 179 jours pleins, l'enfant a été conçu pendant la durée du mariage et si sa naissance est survenue plus de 300 jours après l'ordonnance du président, conçu pendant la période favorable, il pourra, quoique adultérin, être légitimé.

3° L'enfant est né plus de 179 jours et moins de 300 jours

depuis le décès du mari. Si l'article 313 al. 2 avait conservé son ancienne signification, il aurait dû être considéré comme conçu en mariage, comme enfant légitime susceptible d'être désavoué péremptoirement par le mari. Mais depuis la loi nouvelle, cette solution ne peut être conservée, même dans l'opinion que nous avons préconisée, puisque nous envisageons une hypothèse où la loi rend possible la légitimation de l'enfant.

En plaçant la conception de l'enfant avant le décès du mari, on en fait un enfant adultérin ; en la plaçant après, l'enfant apparaît comme naturel simple. Il semble qu'il faille choisir, entre ces deux filiations, celle qui est la plus favorable à l'enfant et réputer celui-ci conçu après le décès du mari. Ce résultat présente un double intérêt : la mère n'épouserait-elle pas son complice que ce dernier pourra faire une reconnaissance valable de l'enfant. En supposant que le mariage ait lieu, l'enfant aura pris jusque là la qualité d'enfant naturel simple et ses père et mère verront la reconnaissance antérieure faite par eux suffire à la légitimation alors qu'adultérin l'enfant aurait dû être reconnu dans l'acte de célébration.

b) La loi de 1907 indique un second événement qui met fin à la période favorable : c'est la dissolution du mariage par la transcription du jugement de divorce. Les règles à appliquer seront *mutatis mutandis* celles énoncées plus haut.

Né avant le 180ᵉ jour qui a suivi la transcription, l'enfant a été conçu en mariage et bien qu'adultérin sa légitimation sera possible si une deuxième condition se réalise : il faut aussi qu'il soit né plus de 300 jours après l'ordonnance du président.

Né plus de 180 jours et moins de 300 jours après la transcription, l'enfant est naturel simple ; il en est de même si la naissance avait eu lieu plus de 300 jours après la transcription.

c) La loi prévoit une troisième hypothèse : l'enfant né plus de 300 jours après l'ordonnance pourra être légitimé si la procédure a abouti à la séparation de corps. Il est impossible, dans ce cas, de reprendre les règles développées tout à l'heure, car l'enfant est toujours conçu en mariage, adultérin de plein droit, et le mariage de la mère avec son complice le fera profiter de la légitimation.

C'est dans ces trois seules circonstances que le législateur de 1907 a permis à l'enfant conçu par une femme mariée au cours d'une instance en séparation de corps ou en divorce d'être légitimé : nous répèterons que lorsque l'une ou l'autre de ces demandes a été rejetée ou que les époux se sont réconciliés, l'enfant né de relations adultérines ne sera pas susceptible d'être légitimé.

On peut supposer l'enfant né de relations doublement adultérines de la mère mariée avec un homme marié. Si le complice était en instance de séparation de corps ou de divorce, il faudra que la conception de l'enfant se place au cours de la période favorable.

Ainsi applicable à une deuxième catégorie d'enfants naturels, l'alinéa 2 de l'article 331 impose comme condition de leur légitimation qu'ils soient reconnus dans l'acte de célébration : cette disposition n'appelle aucune discussion puisqu'elle est en parfaite harmonie avec l'article 335.

§ III

Nous n'avons pas à nous étendre longuement sur les difficultés que peut soulever l'application de la loi en faveur de la troisième catégorie d'enfants adultérins : les enfants conçus d'un père ou d'une mère séparé de corps, c'est-à-dire dans la période qui s'écoule entre le jour où la séparation est devenue définitive et celui où elle cesse par la réconciliation des époux ou la dissolution du mariage résultant d'un jugement de conversion ou du décès du conjoint.

Ces enfants sont adultérins mais le législateur estime, en leur permettant d'être légitimés, que la faute dont ils sont issus trouve son excuse dans ce fait que l'auteur marié était relevé du devoir de cohabitation.

Nous nous reporterons, pour les règles qui les concernent, aux explications suffisantes qui ont été données dans l'exposé de la loi. Rappelons d'un mot seulement la situation faite à l'enfant selon les événements qui mettent fin à la séparation de corps :

a) Le jugement de séparation a été converti en jugement de divorce : deux hypothèses se présentent. L'enfant sera naturel simple s'il est conçu après la transcription du jugement de conversion : il n'y aura dès lors aucun obstacle à sa légitimation. Si sa conception se place entre le jugement de séparation de corps et la transcription du jugement de conversion il est adultérin et susceptible d'être légitimé. Cette règle s'applique que ce soit l'enfant du mari ou celui de la femme. Dans ce dernier cas, nous devons donner à l'article 313 al. **2** sa nouvelle interprétation

b) La séparation de corps a pris fin par la mort du conjoint : Conçu après la dissolution du mariage, l'enfant sera naturel simple. Si sa conception se fixe antérieurement au décès du mari, c'est un enfant adultérin susceptible d'être légitimé, malgré la défectuosité du texte de l'al. **2** de l'article **331** sur laquelle nous nous sommes expliqué.

c) L'auteur de l'enfant s'est réconcilié avec son conjoint. En admettant que l'enfant ait été conçu après la réconciliation, sa légitimation n'est dans aucun cas permise. Si sa conception est antérieure à la réconciliation, l'enfant, bien qu'issu d'un auteur séparé de corps, ne peut être légitimé. Le texte restrictif de l'article **331** rejette dans ce cas toute possibilité de légitimation.

La vue d'ensemble que vient d'offrir l'étude détaillée de la loi du 7 novembre 1907 montre les inconvénients sérieux et graves de la rédaction du Sénat. Sous le couvert de scrupules juridiques, le législateur a apporté à la légitimation des enfants adultérins, une limitation dont les règles ne sont pas plus en harmonie avec les dispositions du Code qu'avec les idées nouvelles inspiratrices du projet primitif.

CHAPITRE III

RÉPERCUSSION DE LA LOI DANS LE TEMPS

Le principe que la loi dispose seulement pour l'avenir a conduit le législateur de 1907 à prendre une mesure spéciale en faveur des enfants adultérins dont les père et mère mariés avant le 7 novembre purent régulariser leurs relations sans toutefois faire profiter leurs enfants d'une réhabilitation qu leur était refusée par l'ancien article **331**.

Laisser aux tribunaux le soin de décider si la loi nouvelle leur était applicable, c'était d'avance se refuser à toute concession. La légitimation n'est accessible, en effet, qu'aux enfants légalement reconnus par leurs père et mère soit avant le mariage, soit dans l'acte de célébration : toute reconnaissance postérieure est par conséquent inopérante.

Devant l'impossibilité pour ces derniers de se soumettre aux formalités de la loi et la nécessité de conserver intactes les conditions imposées pour la légitimation, le législateur a ajouté aux trois premiers alinéas destinés à être incorporés à l'article **331** du Code civil une disposition transitoire dont nous rappelons les termes :

« Les enfants adultérins se trouvant dans les conditions prévues par la disposition qui précède et dont les père et mère auront contracté mariage avant la promulgation de la présente loi pourront être, de la part de ceux-ci, dans le délai de deux ans à partir de cette promulgation, l'objet d'une reconnaissance devant l'officier de l'état civil du domicile des deux conjoints.

Cette reconnaissace emportera légitimation et mention en sera faite en marge des actes de mariage et de naissance ».

La loi du 7 novembre 1907 va ainsi avoir pendant deux années un effet rétroactif : quels enfants adultérins vont profiter de ce régime de faveur, quelles sont les conditions que devront remplir leurs auteurs pour assurer leur légitimation ? Telles sont les questions qui nous restent à résoudre.

Seuls les père et mère mariés antérieurement à la promulgation de la nouvelle loi pourront user du procédé inséré dans la disposition transitoire, mais faut-il encore que leurs enfants se trouvent dans les conditions prévues par le nouvel article 331.

Ceux-ci ne seront donc légitimés qu'à la condition que les circonstances entourant leur conception les fassent entrer dans l'une des trois catégories d'enfants adultérins visées par cet article. Nous ne reprendrons pas ces diverses classifications qui nous ramèneraient à l'application de règles que nous avons déjà étudiées.

En édictant cette disposition transitoire, le législateur semble avoir voulu éviter tout conflit qui aurait pu résulter du passage de la loi ancienne à la loi nouvelle ; il est cependant des situations juridiques formées avant sa publication qui soulèveront des controverses. Nous voulons parler du sort fait à l'enfant conçu d'une femme au cours d'une instance en séparation de corps ou en divorce et des conséquences créées à son sujet par le sens nouveau que l'article 331 alinéa 2 vient d'imprimer à l'article 313 alinéa 2.

Faisons une hypothèse :

Antérieurement à la loi de 1907, une femme en instance de divorce a mis au monde, des œuvres d'un amant, un enfant né plus de 300 jours après l'ordonnance qui assigna à la mère un domicile séparé. Le divorce prononcé, elle a épousé son complice ; l'enfant n'ayant pas été l'objet, conformément au sens ancien de l'article 313 alinéa 2, d'un désaveu péremptoire, a été considéré jusqu'en 1907 comme l'enfant légitime de la mère et de son premier mari. La loi du 7 novembre survient : cette femme peut-elle prétendre que, par application de la disposition transitoire et de l'article 331 al. 2, cet enfant conçu dans de telles conditions n'est pas légitime du premier mariage mais adultérin de plein droit et que, reconnu par le second mari, il retrouvera sa véritable filiation et sera légitimé ?

A notre avis, il faut faire une distinction.

L'intérêt social s'oppose, surtout en matière d'état, à ce qu'un changement de législation vienne anéantir ou modifier une situation acquise.

Sans nul doute, lorsqu'il s'agit d'un fait consommé avant la loi nouvelle, il est certain qu'il demeure uniquement régi par la loi ancienne. Dans notre espèce, en supposant que le premier mari (ou ses héritiers) ait, antérieurement à la loi de 1907, laissé expirer sans en user les délais prévus pour l'exercice du désaveu, nous ne permettrons pas qu'on touche à l'état d'un enfant définitivement fixé sous le régime de la loi ancienne.

Lorsqu'il s'agira, au contraire, de régler une situation qui, au moment de la promulgation de la nouvelle loi, n'était pas encore déterminée, celle-ci produira ses effets. Admettons, par exemple, qu'un enfant conçu dans les conditions que nous avons déterminées soit né antérieurement à la loi de 1907 et qu'au moment de la promulgation de cette loi, le mari de la mère soit encore dans les délais pour exercer le désaveu : à notre avis, le sort de l'enfant dépendra du nouvel article **331**, alinéa **2**; adultérin de plein droit, sans que le mari ait à le désavouer, l'enfant pourra être légitimé par ses auteurs déjà mariés et, en supposant qu'il ait pris la qualité d'enfant légitime du premier mariage, tout intéressé pourra exercer contre lui l'action en contestation de légitimité.

Des hypothèses voisines peuvent être prévues pour l'enfant issu d'une femme séparée de corps ou conçu pendant l'instance de séparation : elles appelleront la même solution.

Après avoir indiqué les enfants adultérins susceptibles d'être légitimés sous le régime transitoire, il nous faut exposer d'un mot les conditions de leur légitimation. Le législateur exige que, dans un délai de deux ans, les père et mère reconnaissent leur enfant devant l'officier de l'état civil de leur domicile.

Bien que temporaire, cette mesure est une exception formelle au principe jusqu'ici admis de la nécessité d'une reconnaissance antérieure à la légitimation. Ce caractère exceptionnel fera même regretter que le législateur n'ait pas poussé plus loin l'indulgence.

On nous a soumis un jour le cas suivant :

Un homme, en instance de divorce, eut un enfant de sa maîtresse plus de 300 jours après l'ordonnance du président. Cet enfant fut déclaré à la mairie comme né de père inconnu et reconnu légalement par sa mère. Le divorce une fois prononcé, cet homme a épousé sa maîtresse. La loi de 1907 survenant aurait permis de légitimer l'enfant, mais, avant sa promulgation, cette femme est morte.

Le père nous demanda si une simple reconnaissance faite par lui ne légitimerait pas cet enfant dont la filiation était déjà légalement établie à l'égard de la mère qui ne pouvait, antérieurement à la loi de 1907, faire mieux pour son enfant. Nous répondîmes négativement, bien qu'un tel résultat nous parût regrettable et fâcheux.

Le législateur a facilité le plus possible l'accomplissement de la reconnaissance. Dans le projet primitif, cette formalité devait être reçue par le maire de la commune où s'était célébré le mariage des auteurs de l'enfant. On redouta, en adoptant cette décision, de nuire aux personnes habitant l'étranger qui se trouveraient dans une impossibilité presque absolue de profiter de la nouvelle loi (¹). Aussi fut-il décidé de substituer à la compétence de ce maire celle de l'officier de l'état civil même étranger du domicile des époux. Mention de la reconnaissance doit être faite, d'après la loi, en marge de l'acte de naissance de l'enfant et aussi en marge de l'acte de mariage des conjoints.

(¹) Rapp. suppl. de M. Violette à la Chambre, séance du 5 février 1907, *J. off.* Ann. n. 732.

QUATRIÈME PARTIE

DROIT COMPARÉ : LES LÉGISLATIONS ÉTRANGÈRES DANS
LEURS RAPPORTS AVEC LA LOI DU 7 NOVEMBRE 1907.

QUATRIÈME PARTIE

Droit comparé : les législations étrangères dans leurs rapports avec la loi du 7 novembre 1907.

Malgré la communauté de principes sur laquelle les peuples européens ont fait reposer les règles constitutives de la famille, des situations très différentes ont été faites par les diverses législations aux enfants naturels.

Nous répartirons les nations en trois groupes : le premier comprendra les peuples hostiles à la légitimation, le second sera consacré aux nations pour lesquelles les enfants issus de relations coupables doivent toujours profiter de la légitimation lorsque leurs auteurs contractent mariage, le troisième concernera les pays où l'on a adopté une solution intermédiaire entre les deux premiers systèmes.

I

PORTUGAL. — A l'exemple de la loi française, le Code civil portugais n'admet en faveur des enfants naturels que la légitimation par le mariage subséquent de leurs père et mère. Pour bénéficier de cette mesure de faveur, l'enfant doit être reconnu volontairement ou à la suite d'une action en justice. Ainsi sont exclus de la légitimation les enfants incestueux ou adultérins parce qu'ils ne peuvent être l'objet d'aucune reconnaissance (¹). Ce n'est pas que la filiation incestueuse ou adultérine ne soit susceptible d'apparaître indirectement : la loi portugaise admet au contraire qu'un jugement civil ou criminel peut fournir la preuve de l'origine coupable de l'enfant. L'article 130 autorise même exceptionnellement la recherche de la paternité incestueuse ou adultérine en cas de viol ou de rapt à la condition que « l'époque de la naissance déterminée par l'article 101 coïncide avec celle du fait délictueux ».

Mais ces exceptions ne portent pas atteinte au principe de la prohibition de légitimation qui s'applique aux enfants adultérins, même s'il y a mariage subséquent de leurs auteurs. Quant aux enfants incestueux, l'impossibilité de légitimation découle de l'impossibilité du mariage : la loi interdit toute union de parents jusqu'au troisième degré en ligne collatérale; pour les personnes parentes au troisième degré, l'obtention de dispenses devient possible et la légitimation de l'enfant est la conséquence du mariage contracté par ses auteurs.

ESPAGNE. — A côté de la légitimation des bâtards par mariage subséquent existe la légitimation par concession royale dans les cas où il est impossible de réaliser la première. Seuls sont considérés comme légitimés les enfants reconnus par les père et mère avant ou après la célébration du mariage (art. 121). La légitimation n'est accordée qu'aux enfants naturels simples (*hijos naturales*), c'est-à-dire « les enfants nés hors mariage d'un père et d'une mère qui, à l'époque de la conception, auraient pu se marier avec ou sans dispense ». Les parents ou alliés au degré prohibé font ainsi acquérir la

---

(¹) Code civil portugais, 1ᵉʳ juillet 1862, art. 122, Laneyrie et Dubois.

légitimation à leurs enfants lorsqu'ils se marient au moyen de dispense. Du reste, la faveur royale peut octroyer à ces enfants la légitimation dans les cas où elle ne pourrait se procurer par mariage. Les enfants adultérins eux mêmes peuvent être l'objet d'un décret du roi. La demande du père ou de la mère est alors nécessaire et n'est accueillie que si l'auteur qui veut légitimer son enfant n'a pas d'autres enfants légitimes, légitimés ou descendants de ceux-ci (¹).

Italie. — La législation italienne est particulièrement sévère à l'égard des enfants incestueux et adultérins. La légitimation leur est formellement refusée, malgré le mariage subséquent de leurs auteurs; ils ne peuvent même pas avoir recours à l'autorité royale qui concède la légitimation par décret aux enfants naturels simples (²).

Belgique. — Dans ce pays, le droit français antérieur à la loi du 7 novembre 1907 reste en vigueur.

II

Allemagne. — Le grand principe du Code civil allemand en matière de légitimation est que tout enfant illégitime acquiert la légitimité par la conclusion du mariage de ses père et mère (art. 1919).

Conçue en termes généraux, cette disposition s'applique aux enfants incestueux ou adultérins puisque l'on ne tient pas compte des empêchements qui ont pu exister entre les parents au temps de la conception. Pour ces derniers, cependant, l'article 1312 restreint l'ampleur de cette disposition bien-

---

(¹) C. civ. espagnol, 1889. *Eléments de droit civil espagnol,* Lher, II, p. 104.

(²) Huc et Orsier, *Le Code civil italien et le Code Napoléon,* II, p. 42 et 47.

faisante. Il y est dit — et ceci rappelle l'article **298** du Code civil français dont l'abrogation a motivé le vote de la loi du 7 novembre 1907 — que le mariage ne peut être contracté entre l'époux divorcé pour cause d'adultère et son complice lorsque, dans le jugement de divorce « cet adultère a été relaté comme cause du divorce ». Cet empêchement est dirimant; la légitimation des enfants adultérins apparaît ainsi comme impossible, mais il n'y a en réalité là qu'une exception à l'union des amants adultères dont nous avons indiqué le caractère en signalant l'erreur de départ commise par le législateur de 1907; nombreuses sont, en effet, les hypothèses où l'adultère n'ayant pas entraîné le divorce et ne figurant pas, par conséquent, dans les motifs du jugement, la légitimation des enfants adultérins est rendue possible. D'ailleurs, la nullité du mariage ainsi contracté au mépris de l'article **1312**, n'aurait pas pour conséquence d'enlever à l'enfant le bénéfice de la légitimité; il n'en serait autrement que si les deux époux étaient de mauvaise foi. Il faut ajouter que cet empêchement disparaît lorsqu'on obtient dispenses.

La légitimation en droit allemand s'opère de deux façons : par mariage subséquent (art. **1719**) et par déclaration de légitimation (art. **1723**).

Nous savons que la première assimile entièrement l'enfant adultérin à l'enfant légitime (art. **119**), mais ce procédé est inefficace pour les enfants incestueux. Ne prend cette qualité que l'enfant né de deux personnes entre lesquelles existe un empêchement de mariage pour cause de parenté ou d'alliance. L'article **1310**, alinéa 1 a édicté cet empêchement pour les parents en ligne directe, les frères et sœurs d'un même lit ou d'un lit différent et les alliés en ligne directe. Aucune dispense n'est accordée; la légitimation est ainsi refusée aux enfants incestueux.

Le deuxième procédé, la déclaration de légitimation, qui permet à un enfant illégitime d'être, sur la demande de son père, « déclaré légitime par une disposition de l'autorité de l'Etat », ne profite pas davantage aux enfants incestueux; l'article 1732 dispose qu'elle ne peut avoir lieu « si à l'époque de la conception de l'enfant, le mariage était prohibé entre les parents, conformément à l'article 1310, alinéa 1, pour cause de parenté ou d'alliance ». La déclaration de légitimation ne s'applique ainsi qu'aux enfants adultérins et n'établit un lien de parenté qu'entre le père et l'enfant (art. 1737).

Autriche. — Le Code autrichien (¹) confond dans les mêmes dispositions les enfants incestueux, adultérins et naturels simples. La légitimation par mariage subséquent est reçue mais les enfants légitimés doivent respecter les droits acquis aux enfants légitimes près desquels ils prennent place.

Etats scandinaves. — La Suède assimile aux enfants naturels simples l'enfant d'un homme marié et d'une femme libre. S'il est le fruit d'un viol, il a les droits d'un enfant légitime lorsque sa mère consent à l'élever (²). La légitimation par mariage subséquent existe en Danemark et en Norvège. Ces deux pays ont même un procédé particulier de légitimation : la légitimité est conférée à l'enfant qui a été l'objet de la part de son père d'une déclaration faite en justice à la condition, en Danemark et en Norvège, qu'il ne soit pas adultérin et en Norvège qu'il ne soit pas incestueux. Ajoutons qu'en Suède, le simple fait de fiançailles régulières procure aux enfants des fiancés la légitimation.

Roumanie. — Le Code civil roumain du 4 décembre 1884

(¹) 1ᵉʳ janvier 1812, C. civ. traduit par de Clercq.
(²) Lehr, *Eléments de droit civil scandinave*, p. 389 et 332.

a de nombreuses analogies avec le système allemand. Tout
enfant naturel est légitimé par le mariage de ses père et mère,
même s'il est incestueux ou adultérin (¹).

SUISSE. — Le Code fédéral suisse du 10 décembre 1907
admet deux modes de légitimation : par mariage subséquent,
par autorité de justice.

Tout enfant né hors mariage est légitimé de plein droit
par le mariage de ses père et mère (art. 268). Ce principe ne
comporte aucune exception.

« L'enfant dont les père et mère se sont promis le mariage
mais qui n'ont pu le célébrer par suite du décès de l'un des
fiancés ou de perte de la capacité requise pour contracter
mariage sera légitimé par le juge à la demande de l'autre
fiancé ou de l'enfant lui-même » (art. 260).

Le consentement de l'enfant, s'il est majeur, est toujours
exigé.

L'enfant incestueux pas plus que l'enfant adultérin n'est
exclu du bénéfice de la légitimation par autorité de justice.

III

Adoptant une solution intermédiaire entre les systèmes
opposés des deux premiers groupes de pays, certaines législations ont établi des distinctions entre les enfants incestueux
et les enfants adultérins : elles permettent la légitimation
des premiers lorsque le mariage de leurs auteurs est possible et la refusent aux seconds.

PAYS-BAS. — Le Code civil néerlandais appartient à ce

(¹) Demètre (Alesandresco), *Droit ancien et moderne de la Roumanie,* éd. 1897,
p. 10 (art. 304, 677).

groupe. L'art. **327** paraît interdire la légitimation des enfants incestueux, car il renferme une formule identique à l'ancien article **331**, mais sa portée est atténuée par les dispositions de l'article **328**. Sans doute la légitimation est impossible pour les enfants issus de personnes entre lesquelles existe un empêchement à mariage ; il semble même qu'ils ne seraient pas légitimés par un mariage putatif. Mais si l'union des auteurs est valablement contractée en vertu d'une dispense, la règle de l'article **327** est écartée et bien que d'origine incestueuse l'enfant sera légitimé.

Une condition est nécessaire : l'enfant doit être reconnu dans l'acte de célébration ; en dehors de ce cas toute reconnaissance d'enfant incestueux est nulle.

RUSSIE. — La Russie, depuis la loi du **12** mai **1891**, n'assure pas l'égalité de traitement aux enfants incestueux et aux enfants adultérins. Faite pour les enfants chrétiens, la loi édicte, dans l'article **111**, que les enfants nés hors mariage autres que ceux issus de l'adultère peuvent être légitimés par le mariage de leurs père et mère.

Très sévère pour les empêchements à mariage résultant de de la parenté puisqu'il n'admet des dispenses qu'à partir du quatrième degré établi d'après la computation canonique, le Code russe fait toutefois de la légitimation des enfants incestueux une conséquence du mariage des parents contracté avec dispense.

CONCLUSION

Le siècle qui débute est destiné à de grandes élaborations sociales : la loi du 7 novembre 1907 marque la première phase des transformations prochaines que l'organisation de la famille va subir. Si nous avons examiné les éléments de cette loi, ce fut moins pour dégager l'importance de ses règles que pour marquer les défectuosités de son jeu. Il ne faut donc point s'étonner qu'aussitôt promulguée, elle ait été violemment combattue et qu'elle soit destinée à disparaître, puisqu'à la demande de MM. Violette et Steeg la Chambre est revenue au projet primitif et a repris, le 6 juin 1908, le principe de la légitimation des enfants incestueux ou adultérins sans distinction par le mariage subséquent de leurs père et mère. La loi de 1907, n'autorisant la légitimation des enfants adultérins que dans des cas déterminés, n'exprime plus que l'opinion arbitraire du Sénat qui tôt ou tard adoptera le vœu de la majorité de la Chambre.

Dès aujourd'hui, nous devons considérer le projet de MM. Violette et Steeg comme admis : il ne nous est pas permis d'en taire les conséquences car, à nos yeux, la loi du 7 novembre soulève la même objection.

Certes nous sommes partisan du relèvement des enfants

incestueux ou adultérins ; il est juste qu'un père et une mère qui s'unissent et fondent un foyer puissent abriter les existences jusqu'alors précaires des enfants issus des relations coupables qu'ils viennent de régulariser : l'intérêt de l'enfant l'exige.

N'oublions pas, cependant, que l'intérêt social demande aussi que la famille demeure forte et stable. « Consacrée mais non créée par la loi positive, la famille ne doit pas être considérée comme un groupement artificiel que le législateur peut dissoudre ou affaiblir à son gré ».

Or, nous voulons admettre que le législateur a cru tout à la fois assurer la sécurité de l'enfant incestueux ou adultérin et l'intégrité de la famille en permettant à celui-ci d'acquérir la légitimité par la légitimation qui n'est qu'un des avantages du mariage. En plaçant, cependant, les enfants légitimes et les enfants naturels sur un pied d'égalité, le législateur n'ébranle-t-il pas dans une certaine mesure les bases constitutives de la famille ?

Désormais, en effet, il ne sera plus vrai de dire que l'enfant adultérin (car nous mettons à part l'enfant incestueux dont le cas nous paraît moins dangereux pour l'ordre public et surtout moins fréquent) restera la preuve morale des plus graves manquements aux lois naturelles et positives en matière de mariage, puisque l'époux adultère sera autorisé, après divorce prononcé ou mort de son conjoint, à légitimer par son mariage avec son complice ses enfants adultérins et même à les placer à côté des enfants légitimes nés d'une première union. La présence possible d'enfants légitimes nés d'un précédent mariage en fraude duquel l'adultère a été commis : voilà la seule conséquence fâcheuse de la réforme salutaire entreprise par MM. Violette et Steeg.

Pour nous, des raisons de haute moralité et d'unité familiale commandent au législateur de ne permettre la légitimation des enfants adultérins que lorsqu'ils ne sont pas en concurrence avec des enfants légitimes : nous revenons ainsi au projet de M. Pontois, qui, tout en favorisant l'enfant, maintient intacte l'institution du mariage qui reste la plus grande et la plus belle des conceptions humaines.

TABLE DES MATIÈRES

PREMIÈRE PARTIE

Aperçu historique sur la légitimation des enfants incestueux ou adultérins.

DEUXIÈME PARTIE

La légitimation des enfants incestueux ou adultérins sous le Code civil.

30,851. — Bordeaux, Y. Cadoret, impr., rue Poquelin-Molière, 17.

Y. CADORET
imprimeur
BORDEAUX

9 782014 087840